지안 스님의 승만경 강의

勝鬘經

지안 스님의 승만경 강의

— 왕비의 발원 —

지안 강설

운주사

서문

경전을 번역하고 해설하는 것은 부처님 법을 알기 쉽고 잘 이해하게 하여 널리 전파하고자 하는 취지에서라고 말할 수 있을 것이다. 부처님의 가르침을 담은 수많은 경전이 있지만 언제부터인가 『승만경』을 꼭 읽어보라고 추천하고 싶었다. 이 경의 내용이 '왕비의 발원'이라고 할 수 있는, 지극한 대승의 원력이 설해져 있어 현대인들의 신심을 북돋아 주고 새로운 신행의 의지를 키워 줄 수 있는 경전이라고 생각되었기 때문이다.

불교는 정확한 교리적인 이해와 실천적인 수행을 요구하는 종교다. 그런 점에서 본다면 이해와 실천을 가장 간명하게 체득할 수 있는 경전이 『승만경』이다. 특히 대승의 정신을 강조한 점에서는 이 경을 능가할 경전이 없을 정도다. 한 우바이의 설법을 통해서 우리는 대승의 지극한 신심을 본받을 수 있다. 이 경을 읽으면 똑같은 법이라도 읽는 이의 근기의 높고 낮음에 따라 이해하는 차원이 다를 수 있음을 알게 될 것이다.

거듭 말하거니와, 경전을 통해서 불교를 소개하는 데 있어서『승만경』은 꼭 읽어보라고 권하고 싶은 필독의 경전으로 생각되어 여러 사람이 읽을 수 있도록 새롭게 번역하여 책으로 내고 싶었다. 물론 다른 경전보다 경문의 양量이 적어 해설까지 곁들어 원고를 정리했으나 그래도 쪽수가 단행본을 내는 평균에 부족한 것 같았다. 그렇지만 반대로 양이 적으면 쉽게 통독할 수 있는 이점이 있을 것도 같았다. 특히 대승불교에 대한 신념을 가진 사람들에게 이 경이 전해 주는 메시지는 매우 강렬하다고 생각되었다. 굳은 서원으로 다짐하는 승만 부인의 대승의 염원은 보통이 아닌 특별한 신념이었다. 대승의 교법을 이해하는 수준을 높이기 위해서도 이 경은 꼭 읽어야 할 경전이다. 우바이가 설한 법문에 사자후라는 말을 붙인 것도 특이하다. 보통 사자후라는 말은 부처님 법문을 두고 쓰는 말임에도 재가 여성의 설법을 사자후라고 그 격을 매우 높여 말해 놓은 것이다.

승만 부인이라는 한 우바이를 통하여 대승적 생활이 어떤 것인가를 보여 주며, 중생이 근본에 있어서 여래라는 여래장사상如來藏思想과 구경 일승의 이치는 여래만이 알고 있는 매우 심오하고 미묘한 법이라는 것을 강조한 일불승一佛乘의 사상을 천명해 놓은 것이 이 경의 특징이다. 이러한 특징을 가진 경전을 번역하고 해설하여 책으로 엮어 발간하게 된 것을 기쁘게 생각하며, 또 읽어줄 독자를 기다리게 된 것이 하나의 보람이라고 생각한다.

　아는 스님의 소개로 출판사와 인연이 닿아 번역한 원고를 넘겨 편집을 의뢰하고 출판을 하게 된 것을 새삼 감사하게 생각하면서 좋은 인연에 의해 좋은 공덕이 이루어지길 바라마지 않는 바이다. 끝으로 이 경전의 출판으로 경전을 읽는 독자가 한 사람이라도 더 늘어 부처님 법이 우리 사회에 더 많이 유통되기를 기대해 본다.

2025년 4월 12일

통도사 반야암 패엽실에서 지안 씀

승만경 해제

『승만경勝鬘經』은 보살독본菩薩讀本이라 할 수 있는 경전이다. 불교 신행의 한 모범을 보여 주는 경전으로, 오늘날의 불자들이 꼭 읽어 보아야 할 필독서라고 할 수 있다. 이 경은 승만 부인이라는 한 재가자의 원력이 설해져 있는 경이다.

　부처님 당시에 인도의 코오살라국에 바사닉(Prasenajit)이라는 왕이 있었다. 이 왕은 석가모니 부처님과 인연이 깊다. 부처님과 나이가 동갑이었다고도 하며, 또 부처님이 성도하시던 해에 왕위에 즉위했다는 설도 있다.『능엄경』에는 부처님과 대화하는 장면이 나온다. 불생불멸不生不滅하는 여래장묘진여성如來藏妙眞如性에 대하여 부처님의 질문을 받아 가면서 법문을 듣는 장면이 있고, 부처님의 물음에 대답하기도 한다. 또 이 왕의 태자 기타와 신하 수달타가 기원정사를 지어 부처님께 바쳤다고 알려져 있다. 기원정사는 흔히『금강경』설법지로 알려져 있으며, 부처님이 25

년을 머무셨다는 곳이다.

바사닉 왕에게 스리말라(Srimala)라는 공주가 있었다. 공주의 이름 스리말라를 한역에서는 승만勝鬘으로 번역했다. 매우 영민한 여성으로, 과년하여 아유사국의 우칭왕友稱王에게 시집을 가 왕비가 된다. 『승만경』에는 승만 부인이 불교에 귀의하게 된 연유를 부모의 권유에 의해서라고 밝히고 있다.

아유사국의 왕에게 시집을 가 왕비가 된 딸 승만에게 친정 부모인 바사닉왕과 말리 부인이 편지를 써 찬다라라는 궁녀에게 주면서 '승만에게 전하고 오라'는 명을 내린다. 이 편지에 바사닉왕과 말리 부인이 부처님의 공덕을 찬탄하면서 딸 승만에게도 부처님께 귀의하기를 권했던 것이다.

편지를 받은 승만 부인은 환희심을 내어 곧 부처님을 찬탄하고 참된 신심을 발하는데, 부처님이 이를 증명하고 인가하는 형식으로 경의 내용이 이루어져 있다. 따라서 이 경의 주인공은 어디까지나 승만 부인이며 다른 보살이나 제자들이 전혀 등장하지 않는다. 다만 유통분 마지막 장인 「승만장」에 아난의 이름이 나오고 부처님이 제석천에게

'경을 잘 받아 지니라'고 당부하는 말씀이 있다.

일설에는 승만 부인이 바사닉왕의 왕비였다는 설도 있다. 율장인 『오분율五分律』이나 용수의 『지도론』 등에는 바사닉왕의 비였다는 기록이 있다. 그러나 『승만경』의 경문 안에서는 공주로 등장한다.

이 경의 본래 이름은 '승만사자후일승대방편방광경勝鬘獅子吼一乘大方便方廣經'으로, 승만 부인이 일승의 대방편을 널리 펴기 위하여 사자후한 것을 담은 경이라는 뜻이다. 부처님 설법을 사자후獅子吼라 하는데, 승만 부인이 사자후를 했다고 경 이름에 밝히고 있는 것이다. 불교의 사부대중四部大衆 가운데 우바이優婆夷가 사자후했다는 것을 제목에 나타낸 것이다.

이처럼 이 경은 재가 불자에 의해 설해진 경으로 『유마경』과 더불어 대승의 이념을 잘 나타내고 있는 경으로 평가받고 있다. B.C. 3~4세기경에 성립된 것으로 알려져 있으며, 처음 한역漢譯된 것은 북양의 담무참에 의해서였으나 436년에 구나발타라가 번역한 것이 널리 유통되었다.

우리나라에서는 신라 때 수隋나라에 갔다 돌아온 안홍安弘 법사에 의해 전래되어 연구되었으며, 원효 스님도 이 경을 매우 중요시하여 자신의 저술에 이 경을 자주 인용하였다.

부모의 권유로 발심해 부처님께 귀의하여 불법 신행의 자기 원력을 말해 놓은 이 경이 높게 평가되는 것은, 부파불교 시대의 관념적이고 추상적인 교리의 난맥상을 탈피해 실제적인 인간의 현실 생활에 대승의 정신을 회향시킨 점 때문이라 할 수 있다. 이 경은 여래장사상의 전거典據가 되는 대표적인 경으로 간주되고 있으며, 아울러 일승사상의 모태가 되는 경으로 보기도 한다. 고려대장경에 수록된 경본은 전문을 15장으로 나누고 있다.

제1「여래진실공덕장」에서는 부모가 보낸 편지를 받아 읽은 승만이 부처님을 찬탄한다. 이때 부처님이 광명을 놓아 승만의 앞에 무비신無比身을 나타내어 승만의 귀의를 받으며 장차 부처가 되리라는 수기授記를 준다. 『승만경』의 중요한 내용은 두 번째 장인 「십대수장」에 설해져 있는 승만 부인이 세운 열 가지 서원이다.

"세존이시여, 저는 오늘부터 보리에 이를 때까지
① 받은 바 계에 대하여 범할 생각을 일으키지 않겠습

니다.

②어른에 대하여 교만한 마음을 일으키지 않겠습니다.

③중생에 대하여 성내는 마음을 일으키지 않겠습니다.

④남에게 질투하는 마음을 일으키지 않겠습니다.

⑤모든 것에 대하여 인색한 마음을 일으키지 않겠습니다.

⑥나만을 위하여 재물을 모으지 않겠으며, 무릇 받는 것이 있다면 가난하고 곤궁한 사람들을 성숙시키도록 하겠습니다.

⑦자신을 위하여 사섭법四攝法을 행하지 않을 것이며, 모든 중생들을 위하여 애욕에 물들지 않는 마음과 걸림 없는 마음으로 중생을 거두어들이겠습니다.

⑧만약 고독한 사람, 갇혀 있는 사람, 질병이 있는 사람 등 가지가지의 고통과 재난을 당한 사람들을 본다면 잠시라도 버리지 않고 편안히 의리로써 이익되게 하여 온갖 고통을 벗어나게 한 뒤에야 떠나겠습니다.

⑨살아 있는 짐승을 붙잡아 기르거나 계를 범하는 것을 보면 제 힘이 닿는 데까지 그들을 타이르고 거두어 나쁜 일을 고치도록 하겠습니다.

⑩ 바른 법을 깊이 새겨 잊어버리지 않겠습니다."

이상의 10대수 서원은 보살도 정신이 깃든 이타행을 평
범한 일상생활 속에서 실천하겠다는 의지를 보인 법문
이다.

열 가지 서원을 발한 다음 다시 세 가지 큰 서원을 발하
는 대목이 제3 「삼원장三顧章」이다.

① 이 진실한 서원으로 헤아릴 수 없고 끝없는 중생들을
편안하고 안온하게 하려 하오니 이 선근으로써 어느 세상
이고 태어날 적마다 정법의 지혜를 얻게 하소서. 이것이 첫
번째 큰 소원이옵니다.

② 제가 정법의 지혜를 얻은 뒤에는 싫증내지 않는 마음
으로 중생들을 위하여 바른 법을 연설하고자 하나이다. 이
것이 두 번째 큰 소원이옵니다.

③ 제가 정법을 받아 지니고는 몸과 목숨과 재산을 버려
서라도 정법을 보호하여 유지되도록 하겠습니다. 이것이
세 번째 큰 소원이옵니다.

이 세 가지 큰 서원을 다시 발하자 부처님은 승만 부인에

게 수기授記를 준다.

제4「섭수장攝受章」에서는 보살들이 세우는 많은 서원이 모두 큰 서원 한 가지에 들어간다고 말하면서, 한 가지 큰 서원이 바로 정법을 거두어들이는 것이라고 하였다.

제5「일승장一乘章」에서는 정법인 일승이 곧 대승이며, 모든 선법이 대승에 의해서 자라는 것이라 하였다. 일승을 얻은 자라야 무상정변지無上正徧智를 얻어 열반에 이르며, 여래의 법신을 얻는다고 하였다.

『승만경』에는 여러 장에 걸쳐 성스러운 진리, 곧 사성제四聖諦의 이치를 논하고 있다.

제6「무변성제장無邊聖諦章」과 제7「여래장장如來藏章」, 제8「법신장法身章」, 제9「공의은복장空義隱覆章」, 제10「일제장一諦章」, 제11「일의장一依章」에서 여래의 성제聖諦는 무량한 공덕을 성취해 있는 것인 반면 이승의 성제는 무명주지無明住地의 번뇌를 끊지 못한 것이라 하며, 여래의 성제는 깊고 깊은 여래장을 설하는 것으로서 알기 어려우며 범부의 경계를 뛰어 넘어 이승의 지혜로도 미치지 못하는 것이라 하였다.「법신장」에서는 사성제를 두 가지로 설명한다. 유량사성제有量四聖諦와 무량사성제無量四聖諦로, 유작有

作과 무작無作의 성인의 법이 차원을 달리한다고 설하였으며, 번뇌장에 얽혀 있는 여래장이 법신이라고 강조한다. 또 여래장을 공여래장과 불공여래장으로 설명하는 제9「공의 은복장」에서는 온갖 번뇌를 여읜 여래장을 공여래장이라 하고 여래장이 항하의 모래보다도 많은 부사의한 법을 가지고 있는 것을 불공여래장이라 한다 하였다.

"부처님이시여, 네 가지 성인의 진실한 법에서 세 가지는 영원하지 않는 것이요, 한 가지는 영원한 것입니다. 왜냐하면 세 가지는 함이 있는 모양(有爲相)에 들어가는 것이니 함이 있는 모양에 들어가는 것은 영원하지 않은 것이요, 허망한 법이며, 허망한 법은 진실한 것이 아니고, 영원한 것이 아니라 의지할 것이 못되는 것입니다. 그러므로 고苦라는 법, 집集이라는 법, 도라는 법을 제일의제第一義諦라 하지 않으며, 영원한 것이 아니어서 의지할 데가 되지 못하는 것입니다."

승만이 부처님께 한 말 가운데 사성제의 멸성제만 진실한 것이라고 밝히는 대목이다. 소경이 해를 보지 못하는 것처럼 범부나 이승들은 고苦가 소멸한 진실한 법을 보지 못한다고 하였다.

제13 「자성청정장自性淸淨章」에서는 중생의 생사가 여래장을 의지하여 있다고 설하면서도 여래장은 내가 아니고 중생이 아니고 목숨이 아니고 사람이 아니라는 말도 나온다. 또 승만 부인은 부처님께 여래장이 법계장法界藏이며, 출세간상상장出世間上上藏이며, 자성청정장自性淸淨藏이라 말한다.

제14 「진자장眞子章」에서는 스스로 밝힌 지혜의 등불에 의지하여 믿는 자가 참다운 부처님의 제자라고 설명한다.

마지막 장 제15 「승만장勝鬘章」에는 승만 부인이 아유사성으로 돌아와서 우칭왕에게 대승법을 찬탄하고, 성에 있는 일곱 살 이상의 남녀를 승만과 우칭왕이 대승법으로 교화하였다고 밝히고 있다.

이 경은 대승을 극구 찬탄하는 대승 찬탄경이다. 이 경의 근본 주제라 할 수 있는 일승사상과 여래장사상은 바로 대승의 올바른 진리를 뜻하는 말이다. 대승이 곧 불승이며, 아뇩지라는 큰 못에서 여덟 개의 강이 흘러나오고 대지에 의하여 일체의 씨앗이 자라나듯 대승에 의해서 세간·출세간의 모든 법이 나온다 하였다. 이러한 주장은『법화경』의 대의인 회삼승 귀일승會三乘歸一乘의 뜻과 일맥상통하는 것이다.

『승만경』은『여래장경』,『부증불감경』,『대반열반경』,『무상의경』과 더불어 여래장사상을 담고 있는 중요한 경전으로 알려져 있다. 초기 대승경전으로 뒤에 나오는『대승기신론』이나『능가경』등에서 여래장사상의 체계를 세우는 뒷받침을 한 경이다. 여래의 씨앗, 곧 부처가 될 수 있는 가능성이 모든 사람의 마음속에 저장되어 있다는 점을 강조하는 것이 여래장사상이다. 중생의 생사도 여래장에 의지한 것이라 하며, 여래장이 있기 때문에 열반을 얻을 수 있으며, 생사의 고통을 벗어나 자성청정의 여래장에 들어가는 것이 성불의 길임을 밝혀주고 있다.

또 이 경에서 승만 부인이 세운 서원 가운데 특별히 주목할 만한 것은 정법을 수호하겠다는 크나큰 의지를 드러내 놓은 서원이다. 올바른 진리, 곧 정법을 수호하고 나쁜 법에 빠진 사람들을 조복 받도록 하겠다는 마지막 다짐이 감동을 주는 대목이다. 몸과 목숨과 재산을 버려서라도 정법을 지키겠다는 것은 시대적 상황에 따라 야기되는 어떠한 법난에도 굴하지 않고 순교자적 정신으로 법을 수호하겠다는 것으로, 부인의 신분인 재가 불자에게서 나왔다는 점에서 더욱 그렇다.

『승만경』은 승만 부인의 지극한 서원이 모든 사람의 심금을 울려, 여래장이라고 하는 우리 가슴 속에 있는 부처의 씨앗이 싹트게 하는 법문이며, 또한 여래장의 불씨를 점화해 주는 법문이라고 하겠다.

제1장 여래진실공덕장
如 來 眞 實 功 德 章

1. 딸에게 편지를 보내다

이와 같이 나는 들었다.

한때 부처님께서 사위국(舍衛國: Sravasti) 기수급고독원祇
樹給孤獨園에 머무르고 계셨다.

그때 바사닉(波斯匿: Prasenajit)왕과 말리(末利: Mallika) 부
인이 불법을 믿기 시작한 지 얼마 되지 않았을 때 왕과 부
인 두 사람이 서로 의논했다.

"우리 딸 승만(勝鬘: Srimala)은 영리하고 슬기로워 보통
사람보다 뛰어나 쉽게 깨달을 수 있을 것입니다. 만약 부처
님을 뵈옵는다면 반드시 불법을 속히 이해하여 마음에 의

심이 없게 될 것입니다. 적당한 때 편지를 보내 승만이 도
道에 뜻을 두고자 하는 마음을 일으켜 주는 것이 좋겠습
니다."

부인이 왕에게 말했다.

"지금 바로 편지를 보내는 것이 좋겠습니다."

왕과 부인은 승만에게 보내는 편지를 써 부처님의 한량
없는 공덕을 찬탄하고 곧 찬다라(Candara)라는 궁녀를 보내
편지를 전하게 했다. 찬다라는 편지를 가지고 아유사국(阿
踰奢國: Ayodhya)에 가 궁내로 들어가 승만 부인에게 공경히
편지를 전했다.

如是我聞. 一時佛住舍衛國祇樹給孤獨園. 時波斯匿王
여 시 아 문   일 시 불 주 사 위 국 기 수 급 고 독 원   시 바 사 닉 왕

及末利夫人. 信法未久共相謂言. 勝鬘夫人是我之女.
급 말 리 부 인   신 법 미 구 공 상 위 언   승 만 부 인 시 아 지 녀

聰慧利根通敏易悟. 若見佛者必速解法心得無疑. 宜時
총 혜 리 근 통 민 이 오   약 견 불 자 필 속 해 법 심 득 무 의   의 시

遣信發其道意. 夫人白言. 今正是時. 王及夫人與勝鬘
견 신 발 기 도 의   부 인 백 언   금 정 시 시   왕 급 부 인 여 승 만

書略讚如來. 無量功德. 卽遣內人名旃提羅. 使人奉書
서 략 찬 여 래   무 량 공 덕   즉 견 내 인 명 전 제 라   사 인 봉 서

至阿踰闍國入其宮內敬授勝鬘.
지 아 유 도 국 입 기 궁 내 경 수 승 만

강설

『승만경』은 바사닉왕과 그의 비妃 말리 부인이 불법을 믿기 시작한 뒤 아유사국으로 시집간 딸에게도 불법을 믿을 것을 권하고자 하여 딸에게 편지를 써 보내는 장면으로부터 시작된다. 딸을 생각하는 부모의 정이 은은하게 배여 있는 것 같다. 바사닉왕은 경전에 자주 등장하는 왕으로, 인도의 강대국 중의 하나였던 코살라국의 왕이었다. 범어 이름은 프라세나짙(Prasenajit)이다. 일설에 부처님과 나이와 생일이 같았다는 설도 있다.『능엄경』에는 부처님이 바사닉왕에게 불생불멸하는 여래장묘진여성에 대하여 설명해 주는 장면이 있다. 기수급고독원을 지어 부처님께 바친 수탓타 장자가 그의 신하였으며, 그의 아들 기타 태자가 정사를 지을 땅을 수탓타에게 팔고 숲을 기증하여 절 이름을 기수급고독원이라 했다고 한다.

승만 부인이 시집을 간 아유사국(阿踰闍國: Ayodhya)은 중인도에 있던 나라로 고대 인도문명의 중심지였던 곳이다. 부처님 재세 시부터 불교와 인연이 깊었던 지역으로 무착과 세친이 이 지역에서 활동했다고 한다. 현장玄奘의『대당

서역기』에는 '이 나라는 사방 5천여 리里이고 곡물이 풍부하고 꽃과 과일이 무성하며 100여 개의 가람에 3,000여 승도僧徒가 있어 삼승三乘의 교학을 두루 배운다' 하였다. 우리나라에서는 가락국의 시조인 김수로왕이 왕비로 맞아들인 허황옥許黃玉이 아유사국 출신이었다고 한다.

2. 승만 부인이 불법에 귀의·찬탄·예배하다

승만 부인은 편지를 받고 기뻐서 머리 위에 받들었다가 편지를 읽었다. 그리고는 지금까지 느껴보지 못했던 희유한 마음을 내어 찬다라에게 노래를 부르듯 말하였다.

"내 들자니 부처님의 음성은 세상에 일찍이 없었던 것이라 하니
　말씀대로 진실하다면 마땅히 공양을 올려야 하리라.
　우러러 생각건대 부처님께서는 널리 세상을 위하여 나오셨으니
　응당 불쌍하게 여겨주시어

저로 하여금 반드시 뵈올 수 있게 하소서.”

이와 같은 생각을 하고 있을 때 부처님이 공중에 나타나
시어 널리 밝은 광명을 놓으시고 견줄 바 없는 몸을 나타내
보이셨다.

승만 부인과 그 권속들이 머리를 발에 대고 절을 하고
는 모두 청정한 마음으로 부처님의 진실한 공덕을 찬탄하
였다.

여래의 미묘하신 몸은 세상에서 짝할 수 없는 것
견줄 바 없이 불가사의하시니
이러므로 지금 공경히 예배드리나이다.

여래의 몸은 다함이 없고 지혜도 또한 그러해
일체의 모든 법에 항상 머무시니
이러므로 제가 지금 귀의하나이다.

마음으로 지은 허물인 악업과
몸으로 짓는 네 가지 악업도

이미 다 조복하신 경지에 이르렀으니
이러므로 법왕께 절하옵니다.

일체의 알아야 할 바를 모두 아시며
지혜의 몸이 자유자재하시며
일체의 법을 모두 지녔사오니
제가 지금 공경히 예배하나이다.

부처님의 크신 공덕
헤아릴 수 없음에 예배하며
비유할 수 없음에 예배하며
가없는 법문에 예배하며
불가사의함에 예배하나이다.

불쌍히 여기는 마음으로 저를 보호해 주시고
법의 종자가 자라나게 하소서.
금생에도 다음 생에도 원하옵나니,
부처님 언제나 거두어 주소서.

"내 이제 너를 편안케 하여

전세에 이미 깨달음을 얻게 하였고

이제 다시 너를 거두어 주노니

미래의 생에도 그러하리라." 하소서.

저는 이미 공덕을 지었으니

현재에도 또 다음 생에도

이와 같은 온갖 선근으로

원하옵나니, 거두어 주실 것을 보여 주소서.

이때 승만과 그의 모든 권속들이 부처님께 예배하였다.

勝鬘得書歡喜頂受. 讀誦受持生希有心. 向旃提羅而說
승만득서환희정수　독송수지생희유심　향전제라이설

偈言 我聞佛音聲 世所未曾有 所言眞實者 應當修供養
게언　아문불음성　세소미증유　소언진실자　응당수공양

仰惟佛世尊 普爲世間出 亦應垂哀愍 必令我得見 卽生
앙유불세존　보위세간출　역응수애민　필령아득견　즉생

此念時 佛於空中現 普放淨光明 顯示無比身 勝鬘及眷
차념시　불어공중현　보방정광명　현시무비신　승만급권

屬 頭面接足禮 咸以淸淨心 歎佛實功德 如來妙色身 世
속　두면접족례　함이청정심　탄불실공덕　여래묘색신　세

間無與等 無比不思議 是故今敬禮 如來色無盡 智慧亦
간 무 여 등　무 비 부 사 의　시 고 금 경 례　여 래 색 무 진　지 혜 역

復然 一切法常住 是故我歸依 降伏心過惡 及與身四種
복 연　일 체 법 상 주　시 고 아 귀 의　강 복 심 과 악　급 여 신 사 종

已到難伏地 是故禮法王 知一切爾焰 智慧身自在 攝持
이 도 난 복 지　시 고 례 법 왕　지 일 체 이 염　지 혜 신 자 재　섭 지

一切法 是故今敬禮 敬禮過稱量 敬禮無譬類 敬禮無邊
일 체 법　시 고 금 경 례　경 례 과 칭 량　경 례 무 비 류　경 례 무 변

法 敬禮難思議 哀愍覆護我 令法種增長 此世及後生 願
법　경 례 난 사 의　애 민 복 호 아　령 법 종 증 장　차 세 급 후 생　원

佛常攝受 我久安立汝 前世已開覺 今復攝受汝 未來生
불 상 섭 수　아 구 안 립 여　전 세 이 개 각　금 복 섭 수 여　미 래 생

亦然 我已作功德 現在及餘世 如是衆善本 唯願見攝受
역 연　아 이 작 공 덕　현 재 급 여 세　여 시 중 선 본　유 원 견 섭 수

爾時勝鬘及諸眷屬. 頭面禮佛.
이 시 승 만 급 제 권 속　두 면 례 불

강설

편지를 읽고 난 승만 부인이 부처님을 찬탄하면서 예배를
한다. 게송을 읊고 절을 올리는 모습이 마치 요즈음 불자들
이 법당에서 절하는 것처럼 느껴진다. 종교(宗敎: religion)의
어원이 라틴어 religio에서 파생된 것이라 하는데, 이 어원

의 뜻을 예배禮拜라고 번역하며 또는 결합結合이라 번역한
다. 물론 이는 서양의 신을 믿는 종교에서 하는 말이다. 인
간이 초월자 혹은 절대자에게 예배를 올린다는 의미와 인
간을 절대자와 결합시킨다는 의미를 가지고 있다. 종교에
있어서 예배는 필수적인 요소다. 부처님에 대한 믿음을 낸
사람들이 일차적으로 부처님께 예배하는 마음으로 공경
의 예를 갖출 때 신심이 우러나고 신앙심이 돈독해지는 것
이다.

부처님께 귀의할 때 동시에 찬탄하고 발원하는 것은 대
승불교의 하나의 관례慣例라고 볼 수 있다.

입적한 지 오래된 어느 큰스님은 찾아오는 사람을 만나
주는 조건으로 3,000배의 절을 하게 한 일화도 있다. 절이
란 몸과 마음을 다하여 공경을 표하는 예법이지만 '진리를
위하여 몸을 던진다'는 숨은 뜻이 있다.

부처님을 향하여 자기의 원을 피력하고 그러한 원이 부
처님의 대자대비한 힘에 의하여 성취되기를 바라는 순진한
마음이 일어나야 믿음의 세계로 들어오게 되는 것이다. 불
교의 신행이 귀의, 찬탄, 참회, 발원의 네 가지에 의해 믿음
의 바탕이 이루어지는 것이다.

3. 부처님이 수기授記를 주다

부처님께서 대중 가운데서 곧 수기를 하셨다.

"그대는 여래의 진실한 공덕을 찬탄하였으니 이 공덕으로 한량없는 아승지겁 동안에 마땅히 천상과 인간에서 자유로운 왕이 될 것이다. 태어나는 곳 어디에서나 항상 나를 볼 수 있을 것이며, 내 앞에서 찬탄하기를 지금과 같이 할 것이다. 그리고 다시 한량없는 아승지 부처님을 공양하기를 2만 아승지겁 동안 하여 마땅히 보광여래·응공·정변지가 될 것이다.

그 부처님 나라에는 나쁜 과보를 받는 일이 없으며, 늙고, 병들고, 쇠하여 귀찮은 뜻에 맞지 않는 괴로움이 없을 것이다. 또한 좋지 못한 악업의 이름마저 없을 것이다.

그 나라의 중생들은 몸과 힘과 수명과 다섯 가지 욕락이 모두 갖추어지고 모든 것이 다 즐겁기만 하여 타화자재천의 천상 세계보다 나을 것이다. 그 세계의 중생들은 순수하고 한결같은 대승에서 온갖 선근을 닦아 익힌 이들만이 모여 사는 곳이니라."

승만 부인이 수기授記를 받았을 때 한량없는 중생들과 천상의 사람들이 그 나라에 태어나기를 원하였다.

세존께서는 모두 왕생하게 될 것이라고 수기하였다.

佛於衆中卽爲授記. 汝歎如來眞實功德 以此善根當於
불 어 중 중 즉 위 수 기   여 탄 여 래 진 실 공 덕   이 차 선 근 당 어

無量阿僧祇劫. 天人之中爲自在王一切生處常得見. 我
무 량 아 승 기 겁   천 인 지 중 위 자 재 왕 일 체 생 처 상 득 견   아

現前讚歎如今無異. 當復供養無量阿僧祇佛過二萬阿僧
현 전 찬 탄 여 금 무 이   당 복 공 양 무 량 아 승 기 불 과 이 만 아 승

祇劫. 當得作佛號. 普光如來應正遍知. 彼佛國土. 無諸
기 겁   당 득 작 불 호   보 광 여 래 응 정 변 지   피 불 국 토   무 제

惡趣老病衰惱不適意苦亦無不善惡業道名. 彼國衆生色
악 취 로 병 쇠 뇌 불 적 의 고 역 무 불 선 악 업 도 명   피 국 중 생 색

力壽命五欲衆具皆悉快樂勝於他化自在諸天. 彼諸衆生
력 수 명 오 욕 중 구 개 실 쾌 악 승 어 타 화 자 재 제 천   피 제 중 생

純一大乘諸有修習善根衆生皆集於彼. 勝鬘夫人得受記
순 일 대 승 제 유 수 습 선 근 중 생 개 집 어 피   승 만 부 인 득 수 기

時. 無量衆生諸天及人願生彼國. 世尊悉記皆當往生.
시   무 량 중 생 제 천 급 인 원 생 피 국   세 존 실 기 개 당 왕 생

강설

이 대목에서는 부처님이 승만 부인에게 수기를 내리고 있
다. 수기授記란 범어 Vyakarana를 번역한 말로, 불법을 수

행하는 이에게 부처님이 미래 어느 때에 부처가 될 것이라고 보장해 주는 말, 곧 예언해 주는 것을 말한다.

아승지는 대수代數로 쓰이는 용어로, 숫자로 표현할 수 없는 것을 나타내는 말이다.『화엄경』「아승지품」에 124개의 대수 용어가 설해져 있다. 겁劫은 가장 긴 시간을 나타내는 말로, 찰나刹那와 상대되는 말이다. 부처님을 찬탄한 공덕으로 아승지겁 동안을 인간과 천상의 왕이 되었다가, 한량없는 부처님을 공양하기를 2만 아승지겁 동안 하여 보광여래가 될 것이라고 수기를 준 내용이다. 고도의 상징성을 띠고 있는 이야기로, 씨앗 하나가 수많은 꽃을 피게 하고 열매를 맺게 해 그 양量이 점점 증가하여 무한대로 이어지듯이, 작은 인연에서 시작하여 성불을 기약하는 큰 인연이 오게 되는, 미묘한 이치를 설하고 있다. 타화자재천他化自在天은 욕계의 가장 높은 천상세계이다. 변화가 자재하여 온갖 즐거움을 마음대로 누리는 천상이라는 뜻이다.

승만 부인이 성불할 때 보광여래의 세계에 가서 태어나기를 원한 중생들과 천상 사람에게도 왕생을 보장해 주는 수기를 아울러 주었다.

제2장 십대수장
十 大 受 章

4. 승만 부인이 열 가지 큰 서원을 발하다

이때 승만 부인은 부처님께서 수기 주시는 것을 듣고 공경히 서서 열 가지 큰 서원을 세웠다.

①세존이시여, 저는 오늘부터 보리에 이를 때까지 받은바 계에 대하여 범하려는 마음을 일으키지 않겠습니다.

②세존이시여, 저는 오늘부터 보리에 이를 때까지 모든 어른들에 대하여 교만한 마음을 일으키지 않겠습니다.

③세존이시여, 저는 오늘부터 보리에 이를 때까지 모든 중생에 대하여 성내는 마음을 일으키지 않겠습니다.

④세존이시여, 저는 오늘부터 보리에 이를 때까지 다른 사람의 모습이나 그들이 가진 소유물에 대하여 질투하는 마음을 일으키지 않겠습니다.

⑤세존이시여, 저는 오늘부터 보리에 이를 때까지 안팎의 모든 것에 대하여 인색한 마음을 일으키지 않겠습니다.

⑥세존이시여, 저는 오늘부터 보리에 이를 때까지 자신을 위하여 재물을 모으지 않을 것이며, 무릇 받는 것이 있다면 모두 가난하고 곤궁한 중생들을 위하여 쓰도록 하겠습니다.

⑦세존이시여, 저는 오늘부터 보리에 이를 때까지 자신을 위하여 사섭법四攝法을 행하지 않을 것이며, 모든 중생들을 위하여 애욕에 물들지 않은 마음과 만족함이 없는 마음과 거리낌 없는 마음으로 중생들을 거두어들여 교화하겠습니다.

⑧세존이시여, 저는 오늘부터 보리에 이를 때까지 만약 고독한 사람, 갇혀 있는 사람, 병든 사람 등 온갖 고통과 재난을 당하고 있는 사람들을 본다면 잠시도 버리지 않고 편안하게 해 주기 위하여 의리로써 이롭게 하고 그들을 온갖 고통에서 벗어나게 한 다음 그들을 보내겠습니다.

⑨ 세존이시여, 저는 오늘부터 보리에 이를 때까지 잡거나 기르거나 하는 나쁜 업과 갖가지 계를 어기는 사람을 보게 되면 그대로 버려두지 않고 마땅히 조복할 사람은 조복하고 거두어들일 사람은 거두어들이겠습니다. 조복 받거나 거두어들임으로써 법(法: 진리)이 영구히 머물게 되고, 법이 영구히 머물게 되면 천상의 사람과 인간세상 사람이 많아지고 악도 중생이 줄어들어 능히 여래가 굴리는 진리의 수레바퀴를 따라 구를 수 있기 때문입니다. 이러한 이익 때문에 거두어들이고 버리지 않겠습니다.

⑩ 세존이시여, 저는 오늘부터 보리에 이를 때까지 정법을 거두어 지녀 마침내 잊어버리지 않겠습니다. 왜냐하면 법을 잊어버리면 대승을 잊어버리는 것이요, 대승을 잊는 것은 바라밀다를 잊는 것이며, 바라밀다를 잊는 것은 대승을 원하지 않기 때문입니다. 만약 보살이 대승을 원하지 않는다면 그는 정법을 거두어들이지 못할 것이며, 기꺼이 들어가려 해도 길이 범부의 자리를 떠나지 못할 것입니다. 제가 이러한 큰 잘못을 보았고 또 미래에 정법을 거두어들일 보살마하살의 한량없는 복과 이익을 보았기 때문에 이 열 가지 크나큰 받아 지녀야 할 것을 받습니다.

爾時勝鬘聞受記已. 恭敬而立受十大受. 世尊. 我從今
이시승만문수기이 공경이립수십대수 세존 아종금

日乃至菩提. 於所受戒不起犯心. 世尊. 我從今日乃至
일내지보리 어소수계불기범심 세존 아종금일내지

菩提於諸尊長不起慢心. 世尊. 我從今日乃至菩提. 於
보리어제존장불기만심 세존 아종금일내지보리 어

諸衆生不起恚心. 世尊. 我從今日乃至菩提. 於他身色
제중생불기에심 세존 아종금일내지보리 어타신색

及外衆具不起疾心. 世尊. 我從今日乃至菩提. 於內外
급외중구불기질심 세존 아종금일내지보리 어내외

法不起慳心. 世尊. 我從今日乃至菩提. 不自爲己受畜
법불기간심 세존 아종금일내지보리 부자위기수축

財物. 凡有所受悉爲成熟貧苦衆生. 世尊. 我從今日乃
재물 범유소수실위성숙빈고중생 세존 아종금일내

至菩提. 不自爲己行四攝法. 爲一切衆生故. 以不愛染
지보리 부자위기행사섭법 위일체중생고 이불애염

心無厭足心 無礙心攝受衆生. 世尊. 我從今日乃至菩
심무염족심 무애심섭수중생 세존 아종금일내지보

提. 若見孤獨幽繫疾病種種厄難困苦衆生. 終不暫捨.必
리 약견고독유계질병종종액난곤고중생 종부잠사 필

欲安隱. 以義饒益令脫衆苦. 然後乃捨. 世尊. 我從今日
욕안은 이의요익령탈중고 연후내사 세존 아종금일

乃至菩提. 若見捕養衆惡律儀及諸犯戒終不棄捨. 我得
내지보리 약견포양중악률의급제범계종불기사 아득

力時. 於彼彼處見此衆生. 應折伏者而折伏之. 應攝受
력시 어피피처견차중생 응절복자이절복지 응섭수

者而攝受之. 何以故. 以折伏攝受故令法久住. 法久住
자 이 섭 수 지　하 이 고　이 절 복 섭 수 고 령 법 구 주　법 구 주

者. 天人充滿惡道減少. 能於如來所轉法輪. 而得隨轉.
자　천 인 충 만 악 도 감 소　능 어 여 래 소 전 법 륜　이 득 수 전

見是利故救攝不捨. 世尊. 我從今日乃至菩提. 攝受正
견 시 리 고 구 섭 불 사　세 존　아 종 금 일 내 지 보 리　섭 수 정

法終不忘失. 何以故. 忘失法者則忘大乘. 忘大乘者則
법 종 불 망 실　하 이 고　망 실 법 자 칙 망 대 승　망 대 승 자 칙

忘波羅蜜. 忘波羅蜜者則不欲大乘. 若菩薩不決定大乘
망 바 라 밀　망 바 라 밀 자 칙 불 욕 대 승　약 보 살 불 결 정 대 승

者. 則不能得攝受正法欲. 隨所樂入. 永不堪任越凡夫
자　칙 불 능 득 섭 수 정 법 욕　수 소 악 입　영 불 감 임 월 범 부

地. 我見如是無量大過. 又見未來攝受正法. 菩薩摩訶
지　아 견 여 시 무 량 대 과　우 견 미 래 섭 수 정 법　보 살 마 하

薩無量福利故受此大受.
살 무 량 복 리 고 수 차 대 수

강설

「십대수장十大受章」은 10가지 큰 서원을 발하는 장면인데,
이 10대수를 부처님으로부터 받았다는 것이다. 이렇게 말
하는 것은 부처님을 찬탄하고 수기를 받은 인연이 대승의
큰 서원을 발하게 됐는데, 이 대승의 서원이 부처님의 본원

과 같으므로 부처님으로부터 승만 부인에게 전해졌다는 것이다. 승만 부인의 서원은 모두 오늘부터 보리에 이르기까지, 곧 성불할 그때까지 대승의 보살도를 실천하겠다는 것이다. 자신을 위하여 바라밀다를 행하는 것이 아니라 중생을 위하여 하겠다는 것은 이타利他 원력을 근본으로 하는 것이 보살의 대원이기 때문이다. 보살에게 있어서는 참된 이타利他가 참된 자리自利가 되는 것이다. 『화엄경』에도 "자신을 제도하지 못하더라도 남을 먼저 제도한다."(自未得度先度他)는 말이 설해져 있다.

사섭법은 보살이 중생을 거두어들일 때 쓰는 네 가지 교화법이다. 보시섭布施攝은 보시행으로 중생을 거두어들이고, 이행섭利行攝은 남을 이롭게 하는 행동을 하여 거두어들이며, 애어섭愛語攝은 말을 친근감이 가게 상냥스럽고 부드럽게 하여 거두어들이는 것이다. 그리고 동사섭同事攝은 불우한 환경에 처해 있는 중생을 어려운 일을 같이 하면서 거두어들이는 방법이다. 이 장에서는 또 부처님의 정법이 대승이라 하여 대승이 바로 부처님의 정법임을 천명해 놓았다.

5. 부처님께서 증명해 주시다

"법의 주인이신 세존이시여, 저를 위하여 증명해 주시옵소서. 오직 부처님께서는 증명해 아실 것이오나 다른 중생들은 선근善根이 얕은 탓으로 혹 의심을 일으키기도 할 것입니다.

이 열 가지 큰 서원 십대수十大受는 지극히 어려운 까닭에 저들이 혹 긴 밤에 의로운 이익을 얻지 못하여 안락을 얻지 못할 수도 있을 것입니다. 저들을 안락하게 하기 위하여 지금 부처님 앞에서 진실한 서원을 말씀드리오니, 제가 이 열 가지 서원을 받아서 말씀드린 대로 실천하겠습니다. 이 서원으로써 대중 속에 마땅히 천상의 꽃이 비처럼 내리며 천상의 미묘한 음성이 들리기를 바라옵니다."

이렇게 말했을 때 허공 속에서 가지가지 천상의 꽃이 비처럼 내리고 미묘한 음성이 나왔다.

"그러하니라. 그러하니라. 그대가 말한 것과 같아 진실로 다르지 않느니라."

모인 사람들이 천상의 아름다운 꽃을 보고 미묘한 음성을 들어 가지가지 의혹이 모두 없어지고 뛸 듯이 기뻐하면서 언제나 승만 부인과 더불어 같이 만나 행하는 바도 또한 같아지기를 발원하였다.

세존께서는 대중이 모두 그 발원하는 바가 다 이루어질 것이라고 수기하셨다.

法主世尊現爲我證. 唯佛世尊現前證知. 而諸衆生善根
법주세존현위아증   유불세존현전증지   이제중생선근

微薄. 或起疑網以十大受極難度故. 彼或長夜非義饒益
미박   혹기의망이십대수극난도고   피혹장야비의요익

不得安樂. 爲安彼故. 今於佛前說誠實誓. 我受此十大
부득안락   위안피고   금어불전설성실서   아수차십대

受如說行者. 以此誓故於大衆中當雨天花出天妙音. 說
수여설행자   이차서고어대중중당우천화출천묘음   설

是語時於虛空中. 雨衆天花出妙聲言. 如是如是如汝所
시어시어허공중   우중천화출묘성언   여시여시여여소

說. 眞實無異. 彼見妙花及聞音聲一切衆會疑惑悉除.
설   진실무이   피견묘화급문음성일체중회의혹실제

喜踊無量而發願言. 恒與勝鬘常共俱會同其所行. 世尊
희용무량이발원언   항여승만상공구회동기소행   세존

悉記一切大衆如其所願.
실기일체대중여기소원

44

열 가지 서원을 발한 승만 부인을 부처님께서 증명해 주시는 장면이다. 상서로운 길상이 나타나 대중의 의혹을 풀어 주고 다 같이 십대수의 원을 실천하여 승만 부인과 같이 되기를 발원한다.

『승만경』은 여러 사람들이 발원하는 모습들이 아름답게 묘사되어 있다. 여기에도 묘한 상징성이 있다. 인간의 염원이 진실하면 그 염원이 언젠가 이루어진다는 것이다. 이 세상은 믿는 대로 보이게 되며 아는 것만큼 나타나게 되는 것이다. 큰 서원을 발하는 진실한 생각이 가득하다면 이 세상에 불가능한 일은 없다는 것이다. 따라서 내가 어떠하냐에 따라서 이 세상은 긍정적으로 되고 조화도 되며, 통일되는 근본의 법칙이 있는 것이다. 중생의 업이 충돌하여 온갖 부조리하고 이율배반적인 경계가 나타나더라도 세상의 근본 진리 자체가 잘못될 수는 없는 것이다.

부처님의 수기는 이 세상을 긍정해 주어 궁극적인 아름다움을 누리도록 하는 하나의 마침표이다.

제3장 삼대원장
三 大 願 章

6. 세 가지 큰 원을 다시 발하다

이때 승만 부인은 다시 부처님 앞에서 세 가지 큰 원을 발하여 이렇게 말씀드렸다.

"이 진실한 서원으로 헤아릴 수 없고 가없는 중생들을 편안하고 안온하게 하려 하오니 이 선근으로써 일체 중생에게 정법의 지혜가 얻어지게 하소서. 이것이 첫 번째 큰 서원입니다.

제가 정법의 지혜를 얻은 후에는 싫증을 내지 않는 마음으로 중생을 위하여 정법을 설하겠습니다. 이것이 두 번째 큰 서원입니다.

제가 정법을 거두어들이고는 몸과 목숨과 재산 등을 버려 정법을 보호하고 지키겠습니다. 이것이 세 번째 큰 서원입니다."

이때 세존께서 승만 부인의 이 서원을 수기하셨다.

"세 가지 큰 서원은 모든 색色이 허공에 들어 있는 것처럼 보살의 헤아릴 수 없는 많은 서원이 모두 이 세 가지 큰 서원 속에 들어 있으니 이 세 가지 서원은 진실로 넓고 큰 것이다."

爾時勝鬘. 復於佛前發三大願而作是言. 以此實願安隱
이 시 승 만   복 어 불 전 발 삼 대 원 이 작 시 언   이 차 실 원 안 은

無量無邊衆生. 以此善根於一切生得正法智. 是名第一
무 량 무 변 중 생   이 차 선 근 어 일 체 생 득 정 법 지   시 명 제 일

大願. 我得正法智已. 以無厭心爲衆生說. 是名第二大
대 원   아 득 정 법 지 이   이 무 염 심 위 중 생 설   시 명 제 이 대

願. 我於攝受正法捨身命財護持正法. 是名第三大願.
원   아 어 섭 수 정 법 사 신 명 재 호 지 정 법   시 명 제 삼 대 원

爾時世尊即記勝鬘. 三大誓願如一切色悉入空界. 如是
이 시 세 존 즉 기 승 만   삼 대 서 원 여 일 체 색 실 입 공 계   여 시

菩薩恒沙諸願. 皆悉入此三大願中. 此三願者眞實廣大.
보 살 항 사 제 원   개 실 입 차 삼 대 원 중   차 삼 원 자 진 실 광 대

열 가지 서원을 발한 십대수(十大受章)에 이어 다시 세 가지 큰 서원을 발하는 삼대원三大願장이 이어져 나온다. 『승만경』은 승만 부인의 서원을 중심으로 대승의 정법에 대한 의지를 일깨워 키워 주는 법문이라 할 수 있다. 중생에게 있어서 중요한 것은 올바른 진리를 바르게 이해하는 정법의 지혜가 있어야 한다는 것이다. 지혜가 없는 믿음은 맹신이 되고 만다. 삼대원 속에 항하의 모래 수만큼 많은 보살의 서원이 허공 속에 색色이 들어가는 것처럼 들어간다고 하였다. 첫 번째 원은 자리를 말하는 것이고, 두 번째 원은 이타를 말하는 것이다. 결국 불교의 목적인 상구보리 하화중생上求菩提 下化衆生의 원력을 말하는 것인데, 여기에 대승의 정신인 이타가 없이는 자리가 없다는 숨은 뜻이 들어 있다. 개인주의가 지나치게 앞서는 현대사회는 남을 위한 진정한 이타심이 부족해지는 사회가 되고 있다 할 것이다.

세 번째 원에서 승만 부인은 몸과 목숨과 재산을 버려서라도 정법을 보호하고 지키겠다는 맹세를 한다. 바른 법에 의해 중생의 삶이 더욱 성숙되고 가치가 더더욱 높아지게 되는 것이다. 빛이 있어야 어둠을 물리칠 수 있는 것처럼 정법의 지혜에 의해 무명의 어둠을 물리치는 것이다.

　서원誓願이란 원래 마음에 원하는 뜻을 세우고 이룰 것을 맹세하는 것이다. 현수 법장賢首法藏은『화엄경 탐현기探玄記』에서 "마음을 따라서 구하는 뜻을 '원願'이라 하고, 지극한 정성과 하나가 되고자 맹세하는 것을 '서誓'라 한다."고 풀이하였다. 또『승만보굴勝鬘寶窟』을 쓴 길장吉藏은 일상에서 행하는 것은 서誓이니 십대수十大受는 서이고, 아직 얻지 못한 것을 얻으려는 것은 원이니 삼대원三大願은 원이라 하였다.

제4장 섭수장
攝 受 章

7. 정법을 받아들이는 공덕

이때 승만 부인이 부처님께 사뢰었다.

"제가 지금 마땅히 부처님의 위신력을 받들어 다시 조복하고자 하는 큰 서원이 참으로 진실하여 틀림이 없음을 말하고자 합니다."

부처님이 승만 부인에게 말했다.

"그대의 말을 들어보자."

승만 부인은 부처님께 아뢰었다.

"보살들이 가지고 있는 갠지스강변의 모래알 수만큼 많은 원도 정법을 거두어들인다는 하나의 큰 서원에 모두 들어가는 것입니다. 정법을 거두어들인다는 것은 참으로 크나큰 서원입니다."

부처님께서는 승만 부인을 칭찬하셨다.

"훌륭하고 훌륭하다. 지혜와 방편은 매우 깊고 미묘하다. 그대는 이미 기나긴 어둠의 긴 밤과 같은 세월에 선근을 많이 심었구나. 미래세의 중생들도 오랫동안 선근을 심은 자라면 능히 그대가 하는 말을 이해하게 될 것이다. 그대가 말하는 '정법을 거두어들인다'는 것은 모두 과거·현재·미래의 모든 부처님이 이미 말씀하셨고, 지금도 말씀하시며, 또한 당래에도 말씀하실 것이다. 또한 나도 이제 깨달음을 얻어 정법을 거두어들일 것을 언제나 말한다. 이처럼 내가 정법을 거두어들일 것을 설하는 공덕은 끝이 없으니 여래의 지혜와 변재 또한 끝이 없느니라. 왜냐하면 정법을 거두어들이는 공덕이야말로 크나큰 공덕이 있고 이익이 있기 때문이니라."

승만 부인이 부처님께 아뢰었다.

"제가 마땅히 부처님의 위신력을 받들어 다시 정법을 거두어들이는 넓고 큰 뜻을 말하겠습니다."

부처님께서 말씀하셨다.

"다시 말해 보라."

승만 부인이 부처님께 아뢰었다.

"정법을 거두어들이는 뜻이 넓고 크다는 것은 곧 한량이 없다는 것이니, 일체 모든 불법佛法을 얻어 8만 4천 법문을 포섭하기 때문입니다. 마치 겁劫이 처음 이루어질 때 크나큰 구름이 일어나 많은 비가 내리면서 온갖 보배가 쏟아지는 것처럼 정법을 거두어들이는 데에도 한없는 복을 누리는 과보가 비 내리듯 내리고 한량없는 선근의 비가 내리는 것입니다.

세존이시여, 또 겁이 처음 이루어질 때에 큰물이 삼천대천세계와 4백억의 가지가지 종류의 육지를 생기게 하는 것처럼, 정법을 거두어들이면 대승의 한량없는 세계와 일체 보살의 신통의 힘과 일체 세간의 안온하고 즐거운 것과 일체 세간의 뜻과 같이 자재한 것과 그리고 출세간의 안락을 내게 됩니다. 겁이 이루어지고 천상과 인간에서 얻을 수 없는 것들이 모두 정법을 거두어들이는 데서 나와 얻게 되는 것입니다."

爾時勝鬘白佛言. 我今當復承佛威神說調伏大願眞實無
이 시 승 만 백 불 언　아 금 당 부 승 불 위 신 설 조 복 대 원 진 실 무

異. 佛告勝鬘. 恣聽汝說. 勝鬘白佛. 菩薩所有恒沙諸
이 불고승만 자청여설 승만백불 보살소유항사제

願. 一切皆入一大願中. 所謂攝受正法. 攝受正法眞爲
원 일체개입일대원중 소위섭수정법 섭수정법진위

大願. 佛讚勝鬘. 善哉善哉. 智慧方便甚深微妙. 汝已長
대원 불찬승만 선재선재 지혜방편심심미묘 여이장

夜殖諸善本. 來世衆生久種善根者. 乃能解汝所說. 汝
야식제선본 래세중생구종선근자 내능해여소설 여

之所說攝受正法. 皆是過去未來現在諸佛已說今說當說.
지소설섭수정법 개시과거미래현재제불이설금설당설

我今得無上菩提. 亦常說此攝受正法. 如是我說攝受正
아금득무상보리 역상설차섭수정법 여시아설섭수정

法所有功德不得邊際. 如來智慧辯才亦無邊際. 何以故.
법소유공덕부득변제 여래지혜변재역무변제 하이고

攝受正法有大功德有大利益. 勝鬘白佛. 我當承佛神力
섭수정법유대공덕유대리익 승만백불 아당승불신력

更復演說攝受正法廣大之義. 佛言. 便說. 勝鬘白佛. 攝
경부연설섭수정법광대지의 불언 변설 승만백불 섭

受正法廣大義者. 則是無量. 得一切佛法攝八萬四千法
수정법광대의자 칙시무량 득일체불법섭팔만사천법

門. 譬如劫初成時普興大雲雨衆色雨及種種寶. 如是攝
문 비여겁초성시보흥대운우중색우급종종보 여시섭

受正法雨無量福報及無量善根之雨. 世尊. 又如劫初成
수정법우무량복보급무량선근지우 세존 우여겁초성

時有大水聚. 出生三千大千界藏及四百億種種類洲. 如
시유대수취 출생삼천대천계장급사백억종종류주 여

是攝受正法. 出生大乘無量界藏. 一切菩薩神通之力.
시 섭 수 정 법　　출 생 대 승 무 량 계 장　　일 체 보 살 신 통 지 력

一切世間安隱快樂. 一切世間如意自在. 及出世間安樂.
일 체 세 간 안 은 쾌 악　　일 체 세 간 여 의 자 재　　급 출 세 간 안 악

劫成乃至天人本所未得皆於中出.
겁 성 내 지 천 인 본 소 미 득 개 어 중 출

강설

정법을 거두어들인다는 것은 불교의 중요한 명제이다. 올바른 진리를 받아 지니지 못하면 그야말로 사법에 빠질 위험이 있기 때문이다. 일체 공덕과 선근이 정법을 섭수하는 데서 나온다고 말하여 정법을 거두어들여야 한다는 점을 강조하고 있다. 말하자면 대승의 근본 서원이 정법을 섭수하는 데서 시작된다는 말이다. 세간과 출세간의 모든 안락이 정법을 거두어들이는 데서 나온다고 밝히면서 이 점을 분명히 인식할 것을 요구하고 있다.

　겁초劫初란 세상이 시작되던 시초를 말한다. 다시 말하면 시작을 알 수 없는 초시간적 상황에서 시간적 상황이 전개되기 시작한 최초의 출발점이라 할 수 있는 뜻을 가지고 있

는 말이다. 원래 시작도 없고 끝도 없는 시간과 공간이지만 하나의 출발점에서 시작된다고 보는 개념으로 겁초라는 말이 쓰이게 되었다. 무無에서 유有가 출현하는 최초의 시간대라고 할 수 있다. 승만 부인의 서원이 이 정법 섭수에 바탕을 두고 이루어졌음을 나타내고 있는 대목이다.

8. 정법을 거두어들이는 자의 네 가지 책임

"또 대지가 네 가지 무거운 짐을 지고 있는 것처럼, 큰 바다와 산과 초목과 중생을 대지가 싣고 있는 것처럼 정법을 거두어들이는 선남자 선여인은 원력의 대지를 만들어 그 위에 네 가지 책임을 맡습니다. 그 네 가지 책임이란 선지식을 떠나 정법이 아닌 것을 들은 중생들을 인간과 천상의 선근으로써 키워주고 성문聲聞을 구하는 사람에게는 성문에 맞는 것으로써, 연각緣覺을 구하는 사람들에게는 연각에 맞는 것으로써, 대승을 구하는 자에게는 대승에 맞는 것으로써 각각 가르침을 주는 것입니다. 이것을 두고 정법을 거두어들이는 선남자 선여인의 네 가지 무거운 책임이라 합니다.

　세존이시여, 이와 같이 정법을 거두어들이는 선남자 선
여인이 원력의 땅을 만들고 네 가지 무거운 책임을 맡는다
면 널리 중생들의 청하지 않는 벗이 되어 큰 자비로 중생들
을 위로하고 불쌍히 여겨 세상에서 진리의 어머니가 될 것
입니다."

又如大地持四重擔. 何等爲四. 一者大海. 二者諸山. 三
우 여 대 지 지 사 중 담　하 등 위 사　일 자 대 해　이 자 제 산　삼

者草木. 四者衆生. 如是攝受正法善男子善女人. 建立
자 초 목　사 자 중 생　여 시 섭 수 정 법 선 남 자 선 녀 인　건 립

大地堪能荷負四種重任. 喩彼大地. 何等爲四. 謂離善
대 지 감 능 하 부 사 종 중 임　유 피 대 지　하 등 위 사　위 리 선

知識無聞非法衆生. 以人天善根而成熟之. 求聲聞者授
지 식 무 문 비 법 중 생　이 인 천 선 근 이 성 숙 지　구 성 문 자 수

聲聞乘. 求緣覺者授緣覺乘. 求大乘者授以大乘. 是名
성 문 승　구 연 각 자 수 연 각 승　구 대 승 자 수 이 대 승　시 명

攝受正法善男子善女人建立大地堪能荷負四種重任. 世
섭 수 정 법 선 남 자 선 녀 인 건 립 대 지 감 능 하 부 사 종 중 임　세

尊. 如是攝受正法善男子善女人. 建立大地堪能荷負四
존　여 시 섭 수 정 법 선 남 자 선 녀 인　건 립 대 지 감 능 하 부 사

種重任. 普爲衆生作不請之友. 大悲安慰哀愍衆生. 爲
종 중 임　보 위 중 생 작 불 청 지 우　대 비 안 위 애 민 중 생　위

世法母.
세 법 모

대지가 일체 만물을 실어주는 것을 네 가지로 요약하여 바다, 산, 초목, 중생이라 말하고, 그것에 비유하여 정법을 거두어들이는 사람은 네 가지 책임을 맡아 있어야 한다고 말했다. 이는 바로 정법을 거두어들이려는 대승 보살의 책임이다. 선지식을 만나지 못해 정법을 듣지 못한 불우한 중생들에게 선근을 심어 키우게 해 인간 세상과 천상에서 복을 누리도록 하고, 이승二乘들에게는 그들의 근기에 맞는 방편을 쓰고, 대승을 구하는 자에게는 대승법으로써 가르침을 주겠다는 것이다.

부처님 법에도 인연이 있어야 한다. '인연 없는 중생은 제도하지 못한다'(不能度無緣衆生)는 말이 있다. 『증일아함경』에는 부처님이 해야 하는 일 가운데 하나가 '믿음의 땅에 서지 못한 중생들을 믿음의 땅 위에 서게 하는 것'이라 하였다.

58

큰 자비로 세상을 위해서 진리의 어머니(法母)가 되겠다는 말이 참으로 아름답게 느껴진다.

9. 네 가지 큰 보배의 창고

"또 대지에는 네 개의 큰 보배창고가 있습니다. 그 네 가지는 첫째 값이 없는 보배요, 둘째는 값비싼 보배며, 셋째는 값이 적당한 보배, 넷째는 값싼 보배입니다. 이것을 대지의 네 가지 보배창고라 합니다.

이와 같이 정법을 거두어들이는 선남자 선여인은 서원의 대지를 만들어 중생의 네 가지 가장 크고 훌륭한 보배를 얻는 것입니다. 그 네 가지 보배는 다음과 같습니다.

정법을 거두어들이는 선남자 선여인이 법 아닌 것을 들음이 없는 중생에게는 인간과 천상의 공덕과 선근으로써, 성문을 구하는 사람에게는 성문으로써, 연각을 구하는 사람에게는 연각으로써, 대승을 구하는 사람에게는 대승으로써 각각 가르쳐주는 것입니다.

이와 같은 큰 보배를 얻은 중생들은 모두 정법을 거두어

들이는 선남자 선여인에 의해서 기특하고 희유한 공덕을
얻는 것입니다.

　세존이시여, 큰 보배의 창고란 결국 정법을 거두어들이
는 것입니다."

又如大地有四種寶藏. 何等爲四. 一者無價. 二者上價.
우여대지유사종보장　하등위사　일자무가　이자상가

三者中價. 四者下價. 是名大地四種寶藏. 如是攝受正
삼자중가　사자하가　시명대지사종보장　여시섭수정

法善男子善女人. 建立大地得衆生四種最上大寶. 何等
법선남자선녀인　건립대지득중생사종최상대보　하등

爲四. 攝受正法善男子善女人. 無聞非法衆生以人天功
위사　섭수정법선남자선녀인　무문비법중생이인천공

德善根而授與之. 求聲聞者授聲聞乘. 求緣覺者授緣覺
덕선근이수여지　구성문자수성문승　구연각자수연각

乘. 求大乘者授以大乘. 如是得大寶衆生. 皆由攝受正
승　구대승자수이대승　여시득대보중생　개유섭수정

法善男子善女人得此奇特希有功德. 世尊. 大寶藏者.
법선남자선녀인득차기특희유공덕　세존　대보장자

卽是攝受正法.
즉시섭수정법

거듭 정법을 거두어들이는 것이 보배의 창고가 된다고 설하고 있다. 값을 매길 수 없는 보배, 값비싼 보배, 값이 적당한 보배, 값싼 보배를 대지가 가지고 있는 것처럼, 인간과 천상의 공덕과 성문의 법, 연각의 법, 보살의 법을 써서 정법을 가르쳐주는 것이 네 가지 보배가 된다는 말이다. 이는 모두 진리의 보배를 중생의 근기에 맞추어 구분해 설해 놓은 말이다. 내가 가진 보배가 어떤 것인가? 마음이 보배이다. 이 마음을 무가지보無價之寶라 한다. 보배로서의 가치가 너무 높아 값을 매길 수 없다는 뜻이다.

寒山頂上月輪孤 한산의 산 위에 달이 홀로 떠 있어
한 산 정 상 월 륜 고

照見靑空一物無 아무것도 없는 푸른 하늘을 비추네.
조 견 청 공 일 물 무

可貴天然無價寶 귀하기만 하여라. 천연 그대로의 값없는
가 귀 천 연 무 가 보
　　　　　　　　보배여.

埋在五陰溺臭軀 오음에 파묻히고 냄새나는 몸속에 빠져
매 재 오 음 익 취 구
　　　　　　　　있구나.

한산시寒山詩에 나오는, 마음을 무가지보無價之寶로 표현한 내용이다.

10. 정법과 육바라밀

"세존이시여, 정법을 거두어들인다는 것이나 정법을 거두어들이는 사람도 정법과 다르지 않고 정법을 거두어들이는 것과도 다르지 않습니다. 정법이란 곧 정법을 거두어들이는 것입니다.

세존이시여, 바라밀과도 다르지 않고, 정법을 거두어들인다는 것과도 다르지 아니하니 정법을 거두어들이는 것이 곧 바라밀입니다.

왜냐하면 바른 법을 거두어들이는 선남자 선여인이 보시로써 돌보아줄 사람에게는 보시로써 돌보아주면서 몸과 팔, 다리를 버리기까지 하면서 저들의 뜻을 보호하여 돌보아주므로 중생들이 바른 법을 거두어들이게 되는 것입니다. 이것을 보시바라밀이라 합니다.

마땅히 계로써 돌볼 사람에게는 육근을 지키게 하여 몸

으로 하는 행동과 말과 뜻으로 하는 것 등 삼업三業을 깨끗이 하고 나아가 앉거나 눕거나 움직이거나 가만히 있거나 하는 등 일상생활에서의 가고 머물고 앉고 누움의 네 가지 위의를 바르게 하여 저들의 뜻을 지켜 돌보아주면 성숙된 중생들이 정법을 세우게 되는 것입니다. 이것을 이름하여 지계바라밀이라 합니다.

마땅히 인욕으로써 돌보아줄 사람에게는 만약 저 중생들이 꾸짖고 헐뜯고 욕하고 비방하며 위협하고 두렵게 하는 경우에도 화내지 않는 마음과 이롭게 하려는 마음과 크게 참는 힘으로써 얼굴빛을 변하지 않고 그들의 뜻을 거두어 성숙되게 해줍니다. 이렇게 하여 성숙된 중생들은 정법을 세우게 됩니다. 이것을 인욕바라밀이라 합니다.

마땅히 정진으로써 돌보아줄 사람에게는 저 중생들에게 게으르고 나태한 마음이 일어나지 않게 하고 하고자 하는 마음과 가장 훌륭한 정진과 갖가지 행동으로써 그들의 뜻을 보호하여 성숙되게 해줍니다. 이렇게 성숙된 중생들은 정법을 세우게 됩니다. 이것을 정진바라밀이라고 합니다.

마땅히 선정으로써 돌보아줄 사람에게는 저들 중생에게 산란하지 않는 마음과 밖으로 향하지 않는 마음과 가장 올바른 생각과 나아가 오랫동안 해 온 일과 오랫동안 설해 온 바를 끝내 잊지 않고 저들의 마음을 보호하여 성숙되게 합니다. 이렇게 성숙된 중생들은 정법을 세우게 됩니다.

마땅히 지혜로써 돌보아줄 사람에게는 저들이 묻는 일체의 이치를 두려움이 없는 마음으로써 일체의 논의와 일체의 기교, 그리고 궁극적인 의미, 나아가 갖가지 방편으로써 모든 것을 연설하여 저들의 뜻을 거두어 성숙되게 합니다. 이렇게 하여 성숙된 중생들은 정법을 세우게 됩니다. 이것을 지혜바라밀이라 합니다.

이렇기 때문에 세존이시여, 바라밀과 정법을 거두어들이는 것은 서로 다르지 않습니다. 정법을 거두어들이는 것이 곧 바라밀입니다."

世尊. 攝受正法. 攝受正法者. 無異正法. 無異攝受正
세 존　섭 수 정 법　섭 수 정 법 자　무 이 정 법　무 이 섭 수 정

法. 正法卽是攝受正法. 世尊. 無異波羅蜜. 無異攝受
법　정 법 즉 시 섭 수 정 법　세 존　무 이 바 라 밀　무 이 섭 수

正法. 攝受正法卽是波羅蜜. 何以故. 攝受正法善男子
정 법　섭 수 정 법 즉 시 바 라 밀　하 이 고　섭 수 정 법 선 남 자

善女人. 應以施成熟者. 以施成熟. 乃至捨身支節. 將護
선 녀 인　응 이 시 성 숙 자　이 시 성 숙　내 지 사 신 지 절　장 호

彼意而成熟之. 彼所成熟衆生建立正法. 是名檀波羅蜜.
피 의 이 성 숙 지　피 소 성 숙 중 생 건 립 정 법　시 명 단 바 라 밀

應以戒成熟者. 以守護六根淨身口意業. 乃至正四威儀.
응 이 계 성 숙 자　이 수 호 육 근 정 신 구 의 업　내 지 정 사 위 의

將護彼意而成熟之. 彼所成熟衆生建立正法. 是名尸波
장 호 피 의 이 성 숙 지　피 소 성 숙 중 생 건 립 정 법　시 명 시 바

羅蜜. 應以忍成熟者. 若彼衆生罵詈毀辱誹謗恐怖. 以
라 밀　응 이 인 성 숙 자　약 피 중 생 매 리 훼 욕 비 방 공 포　이

無恚心饒益心第一忍力乃至顏色無變. 將護彼意而成熟
무 에 심 요 익 심 제 일 인 력 내 지 안 색 무 변　장 호 피 의 이 성 숙

之. 彼所成熟衆生建立正法. 是名羼提波羅蜜. 應以精
지　피 소 성 숙 중 생 건 립 정 법　시 명 찬 제 바 라 밀　응 이 정

進成熟者. 於彼衆生不起懈心生大欲心第一精進. 乃至
진 성 숙 자　어 피 중 생 불 기 해 심 생 대 욕 심 제 일 정 진　내 지

若四威儀. 將護彼意而成熟之. 彼所成熟衆生建立正法.
약 사 위 의　장 호 피 의 이 성 숙 지　피 소 성 숙 중 생 건 립 정 법

是名毘梨耶波羅蜜. 應以禪成熟者. 於彼衆生以不亂心
시 명 비 리 야 바 라 밀　응 이 선 성 숙 자　어 피 중 생 이 불 란 심

不外向心第一正念乃至久時所作久時所說終不忘失. 將
불 외 향 심 제 일 정 념 내 지 구 시 소 작 구 시 소 설 종 불 망 실　장

護彼意而成熟之. 彼所成熟衆生建立正法. 是名禪波羅
호 피 의 이 성 숙 지　피 소 성 숙 중 생 건 립 정 법　시 명 선 바 라

蜜. 應以智慧成熟者. 彼諸衆生問一切義以無畏心而爲
밀　응 이 지 혜 성 숙 자　피 제 중 생 문 일 체 의 이 무 외 심 이 위

演說一切論一切工巧究竟明處乃至種種工巧諸事. 將護
연 설 일 체 론 일 체 공 교 구 경 명 처 내 지 종 종 공 교 제 사　장 호

彼意而成熟之. 彼所成熟衆生建立正法. 是名般若波羅
피 의 이 성 숙 지   피 소 성 숙 중 생 건 립 정 법   시 명 반 야 바 라

蜜. 是故世尊. 無異波羅蜜. 無異攝受正法. 攝受正法卽
밀   시 고 세 존   무 이 바 라 밀   무 이 섭 수 정 법   섭 수 정 법 즉

是波羅蜜.
시 바 라 밀

강설

정법을 거두어들이는 것 자체가 정법이며 동시에 이것이
바라밀로 통한다는 대승의 근본을 밝히고 있다. 정법 섭수
와 바라밀이 다르지 않음을 강조하면서 중생을 성숙시키는
것이 육바라밀에 의해서 이루어진다는 것을 밝히고 있다.
정법이 무엇인가? 혹은 수행이 무엇인가? 하면, 그것은 결
국 인간성을 성숙시켜 주는 것이라는 말이다. 매우 간명하
면서도 명쾌한 말이다. 바꾸어 말하면 대승에 있어서의 정
법은 곧 보살행으로 귀착된다는 말이다. 바른 법을 거두어
들이려는 마음, 바라밀다의 완덕을 갖추고 있는 본래의 마
음으로 돌아간다는 뜻으로 이해할 수 있다. 그리하여 성숙
된 중생은 다시 정법을 세우게 된다고 하였다.

불교를 복귀사상復歸思想이라고 말하기도 한다. 본래의 참 마음, 순수한 그 자리로 돌아가는 것, 이것이 불교요, 이것이 곧 깨달음 자체의 마음, 보리심이라는 것이다. 바라밀이라는 것이 마음이 본래 가지고 있는 공덕의 총체다.

11. 세 가지 버려야 하는 것

"세존이시여, 제가 부처님의 위신력을 받들어 다시 큰 뜻을 말하고자 합니다."

부처님께서 말씀하셨다.

"말해 보아라."

승만 부인이 부처님께 사뢰었다.

"정법을 거두어들이는 것과 정법을 거두어들이는 사람은 정법을 거두어들이는 것과 다르지 않고 정법을 거두어들이는 사람과도 다르지 않습니다. 정법을 거두어들이는 선남자 선여인이 곧 바로 정법을 거두어들이는 그것입니다. 왜냐하면 정법을 거두어들이는 선남자 선여인은 정법을 거두어들이기 위하여 세 가지를 버려야 하기 때문입니다.

버려야 할 세 가지는 몸과 목숨과 재산을 말합니다.

선남자 선여인이 몸을 버린다고 하는 것은, 나고 죽음과 다음에 몸 받을 것이 있으므로 늙고 병들고 죽는 것을 여의고, 부서짐이 없이 항상 그대로 있어 변하지 않는 불가사의한 공덕인 여래의 법신을 얻어야 하기 때문입니다.

목숨을 버린다고 하는 것은, 나고 죽음과 다음에 몸 받을 것이 있으므로 필경에는 죽음을 아주 여의고, 끝없이 항상 그대로 있는 불가사의한 공덕과 일체의 매우 심오한 불법을 얻어야 하기 때문입니다.

재산을 버린다는 것은, 나고 죽음과 다음에 몸을 받을 것이 있으므로 중생이 가지고 있지 않은, 줄어들거나 다함이 없는 필경에 불가사의한 가지가지 공덕을 모두 다 얻게 되어야 하며 일체 중생들의 뛰어난 공양을 얻어야 하기 때문입니다.

세존이시여, 이와 같이 세 가지를 버리는 선남자 선여인이 정법을 거두어들여 언제나 일체의 모든 부처님으로부터 수기를 받고 일체의 모든 중생들이 우러러 사모하게 되는 것입니다.

세존이시여, 또한 선남자 선여인이 정법을 거두어들인다는 것은 법이 사라지려 할 때에 비구, 비구니, 우바새, 우바이 등 사부대중이 서로 붕당을 만들어 분쟁을 일으키고 파괴하여 흩어지더라도 아첨하지 않고 속이지 않고 거짓된 짓을 하지 않고, 정법을 즐거워하고 정법을 거두어들여 법의 벗이 될 것입니다. 법의 벗이 되는 사람은 반드시 모든 부처님의 수기를 받게 될 것입니다.

세존이시여, 제가 정법을 거두어들이는 이러한 큰 힘을 보는 것처럼 부처님께서는 진실의 눈이시며, 진실한 지혜이시며, 법의 근본이시며, 법을 통달하시며, 정법에 의지하시므로 또한 모두 아시고 보실 것입니다."

世尊. 我今承佛威神更說大義. 佛言. 便說. 勝鬘白佛.
세존 아금승불위신경설대의 불언 변설 승만백불

攝受正法. 攝受正法者. 無異攝受正法. 無異攝受正法
섭수정법 섭수정법자 무이섭수정법 무이섭수정법

者. 攝受正法善男子善女人. 卽是攝受正法. 何以故. 若
자 섭수정법선남자선녀인 즉시섭수정법 하이고 약

攝受正法善男子善女人. 爲攝受正法捨三種分. 何等爲
섭수정법선남자선녀인 위섭수정법사삼종분 하등위

三. 謂身命財. 善男子善女人捨身者. 生死後際等離老
삼 위신명재 선남자선녀인사신자 생사후제등리로

病死. 得不壞常住無有變易不可思議功德如來法身. 捨
병사　득불괴상주무유변역불가사의공덕여래법신　사

命者. 生死後際等畢竟離死. 得無邊常住不可思議功德.
명자　생사후제등필경리사　득무변상주불가사의공덕

通達一切甚深佛法. 捨財者. 生死後際等得不共一切衆
통달일체심심불법　사재자　생사후제등득불공일체중

生無盡無減畢竟常住不可思議具足功德. 得一切衆生殊
생무진무감필경상주불가사의구족공덕　득일체중생수

勝供養. 世尊. 如是捨三分善男子善女人. 攝受正法. 常
승공양　세존　여시사삼분선남자선녀인　섭수정법　상

爲一切諸佛所記一切衆生之所瞻仰 世尊. 又善男子善
위일체제불소기일체중생지소첨앙　세존　우선남자선

女人攝受正法者. 法欲滅時. 比丘比丘尼優婆塞優婆夷.
녀인섭수정법자　법욕멸시　비구비구니우바새우바이

朋黨諍訟破壞離散. 以不諂曲不欺誑不幻僞. 愛樂正法.
붕당쟁송파괴리산　이불첨곡불기광불환위　애악정법

攝受正法. 入法朋中. 入法朋者. 必爲諸佛之所授記. 世
섭수정법　입법붕중　입법붕자　필위제불지소수기　세

尊. 我見攝受正法如是大力. 佛爲實眼實智. 爲法根本.
존　아견섭수정법여시대력　불위실안실지　위법근본

爲通達法. 爲正法依. 亦悉知見.
위통달법　위정법의　역실지견

승만 부인은 계속해서 정법을 거두어들이는 일(正法攝受)에 대하여 설하고 있다. 법과 사람이 하나라는 것, 다시 말해 사람을 떠나 바른 법이 없다는 것을 강조하고 정법을 거두어들이려는 사람은 몸과 목숨과 재산까지 버려야 한다고 하였다. 이는 정법을 위해 일체의 집착을 끊고 법신의 몸을 얻고 불법을 얻고 불가사의한 공덕과 중생의 공양을 얻어야 하기 때문이라고 말한다.

불법의 참 가치는 출세간법의 진제眞諦에 있고 속제俗諦에 있지 않다. 비록 진속眞俗이 다르지 않는 진속불이眞俗不二라 하지만 법을 위하는 위법망구爲法忘軀의 정신이 나올 때 정법이 지켜지며 섭수의 공이 살아나는 것이다. '구슬이서 말이라도 꿰어야 보배'라는 속담처럼 정법을 거두어들이는 사람에 의해 정법의 가치가 살아 있게 될 것이다.

12. 부처님의 칭찬

이때 세존께서 승만 부인이 정법을 거두어들이는 큰 정진력에 대하여 말한 것을 기뻐하시고 이렇게 말씀하셨다.

"그렇다. 승만이여, 그대가 말한 것과 같다. 정법을 거두어들이는 크나큰 정진의 힘은 마치 힘센 장사가 몸을 조금만 건드려도 몹시 아프듯이, 승만의 말처럼 정법을 조금만 거두어들이더라도 마魔의 무리는 고통스러운 것이다. 어떤 선법善法이라도 마의 무리를 괴롭히는 것은 정법을 거두어들이는 것만 한 것이 없느니라.

또 소 가운데 가장 뛰어난 소의 왕(牛王)과도 같으니, 우왕은 모양과 색깔이 다른 소들보다 견줄 수 없이 뛰어나듯이 대승으로써 정법을 조금만 거두어들여도 일체 이승들의 선근보다 뛰어나 매우 넓고 큰 까닭이니라.

또 수미산이 어떠한 산보다 단정하고 엄숙하여 다른 산보다 뛰어나듯이, 대승으로써 몸과 목숨과 재산을 버리고 정법을 거두어들이는 것은 몸과 목숨과 재산을 버리지 못하고 처음 대승에 머무는 사람들의 선근보다 뛰어나거든 하물며 대승의 넓고 큰 선근을 이승들과 비교하겠는가? 이러한 까닭에 승만이여, 마땅히 정법을 거두어들임으로써 중생들에게 보이는 것이며, 중생들을 교화하는 것이며, 중생들을 성취시키는 것이니라. 그러므로 승만이여, 정법을 거두어들임은 이처럼 큰 이익이며, 크나큰 복이며, 큰 과보이니라."

爾時世尊. 於勝鬘所說攝受正法大精進力. 起隨喜心.
이 시 세 존   어 승 만 소 설 섭 수 정 법 대 정 진 력   기 수 희 심

如是勝鬘. 如汝所說. 攝受正法大精進力. 如大力士少
여 시 승 만   여 여 소 설   섭 수 정 법 대 정 진 력   여 대 력 사 소

觸身分生大苦痛. 如是勝鬘. 少攝受正法令魔苦惱. 我
촉 신 분 생 대 고 통   여 시 승 만   소 섭 수 정 법 령 마 고 뇌   아

不見餘一善法令魔憂苦如少攝受正法. 又如牛王形色無
불 견 여 일 선 법 령 마 우 고 여 소 섭 수 정 법   우 여 우 왕 형 색 무

比勝一切牛. 如是大乘少攝受正法. 勝於一切二乘善根.
비 승 일 체 우   여 시 대 승 소 섭 수 정 법   승 어 일 체 이 승 선 근

以廣大故. 又如須彌山王端嚴殊特勝於衆山. 如是大乘
이 광 대 고   우 여 수 미 산 왕 단 엄 수 특 승 어 중 산   여 시 대 승

捨身命財以攝取心攝受正法. 勝不捨身命財初住大乘一
사 신 명 재 이 섭 취 심 섭 수 정 법   승 불 사 신 명 재 초 주 대 승 일

切善根. 何況二乘. 以廣大故. 是故勝鬘. 當以攝受正法.
체 선 근   하 황 이 승   이 광 대 고   시 고 승 만   당 이 섭 수 정 법

開示衆生敎化衆生建立衆生. 如是勝鬘. 攝受正法. 如
개 시 중 생 교 화 중 생 건 립 중 생   여 시 승 만   섭 수 정 법   여

是大利如是大福. 如是大果. 勝鬘. 我於阿僧祇阿僧祇
시 대 리 여 시 대 복   여 시 대 과   승 만   아 어 아 승 기 아 승 기

劫說攝受正法功德義利不得邊際. 是故攝受正法. 有無
겁 설 섭 수 정 법 공 덕 의 리 부 득 변 제   시 고 섭 수 정 법   유 무

量無邊功德.
량 무 변 공 덕

강설

소 가운데 가장 뛰어난 소(牛王)와 같으며 산 중에 수미산
이 왕이듯이 정법을 거두어들이는 것이 가장 뛰어난 선근
善根이 된다고 하였다. 선근이란 좋은 과보를 초래하는 좋
은 업인業因을 말하는데, 탐貪·진瞋·치癡 삼독三毒이 없는
것을 일컫는 말이다.

승만은 또 정법을 거두어들이는 자체가 중생을 교화하는
것이고 성취시키는 것이라 하였다. 이익과 과보가 크기만
하다고 말씀하여 부처님이 승만의 말을 인정해 주고 있다.

본질적 의미로 볼 때 정법이란 중생의 본래 깨달음의 참
마음이다. 이 본각진심本覺眞心이 정법이므로 이를 떠난 정
법이 따로 있을 수 없는 것이다. 이 본각진심이 드러나면

정법이 되는 것이고 그렇지 못할 때는 사법邪法이 되는 것이다. 그렇기 때문에 "정인正人이 사법을 설하면 사법이 정법이 되고 사인邪人이 정법을 설하면 정법이 사법이 된다." 하였다.

제5장 일승장
一 乘 章

13. 정법을 거두어들이는 것이 대승이다

부처님께서 승만 부인에게 말씀하셨다.

"그대는 일체 여러 부처님들께서 말씀하신 바 정법을 거두어들이는 것을 이제 다시 말해 보라."

승만이 부처님께 아뢰었다.

"훌륭하십니다, 세존이시여. 그리하겠습니다."

그리고는 곧 부처님께 아뢰었다.

"세존이시여, 정법을 거두어들이는 것은 곧 마하연(摩訶衍: 대승)입니다. 그 까닭을 말하면, 마하연은 온갖 성문聲聞과 연각緣覺과 세간선법과 출세간선법을 내기 때문입니다.

세존이시여, 마치 아뇩지阿耨池라는 큰 못에서 여덟 개의 큰 강이 흘러나오듯이, 마하연에서도 온갖 성문과 연각과 세간선법과 출세간선법이 나옵니다.

세존이시여, 또 마치 온갖 씨앗이 모두 땅을 의지하여 싹이 나서 자라듯이, 온갖 성문과 연각과 세간선법과 출세간선법이 대승을 의지하여 자랍니다. 그러므로 세존이시여, 대승에 머물러 대승을 거두어들이는 것은 곧 2승乘에 머물러 2승과 세간선법과 출세간선법을 거두어들이는 것과 마찬가지입니다. 마치 세존께서 6처處를 말씀하시는 것과 같사오니, 6처란 것은, 바른 법이 머무는 것, 바른 법이 없어지는 것, 바라제목차波羅提木叉·비니比尼·출가·구족계具足戒를 받는 것들입니다. 대승을 위하여 이 6처를 말씀하셨습니다.

왜냐하면 바른 법이 머문다는 것은 대승을 위하여 말씀하신 것이므로 대승이 머무는 것이 곧 정법이 머무는 것이며, 정법이 없어진다는 것은 대승을 위하여 말씀하신 것이므로 대승이 없어지는 것이 곧 정법이 없어지는 것이며, 바라제목차와 비니의 두 가지는 뜻은 한가지면서 이름만 다른 것이니, 비니라는 것은 곧 대승을 배우는 것입니다. 그 까닭은, 부처님을 의지하여 출가하였고, 그리하여 구족계를 받는 것이므로, 대승의 위의威儀인 계가 곧 비니이며 출가이며 구족계를 받는 것이라고 말하는 것입니다. 그러므로 아라한은 출가하여 구족계를 받는 일이 없사오니, 왜냐하면 아라한은 여래를 의지하여 출가하였고, 그것으로 계를 받은 것이 되는 까닭입니다.

佛告勝鬘. 汝今更說一切諸佛所說攝受正法. 勝鬘白佛.
불고승만　여금경설일체제불소설섭수정법　승만백불

善哉世尊. 唯然受敎. 卽白佛言. 世尊. 攝受正法者是摩
선재세존　유연수교　즉백불언　세존　섭수정법자시마

訶衍. 何以故. 摩訶衍者. 出生一切聲聞緣覺世間出世
하연　하이고　마하연자　출생일체성문연각세간출세

間善法. 世尊. 如阿耨大池出八大河. 如是摩訶衍. 出生
간선법　세존　여아뇩대지출팔대하　여시마하연　출생

一切聲聞緣覺世間出世間善法. 世尊. 又如一切種子皆
일체성문연각세간출세간선법　세존　우여일체종자개

依於地而得生長. 如是一切聲聞緣覺世間出世間善法.
의어지이득생장　여시일체성문연각세간출세간선법

依於大乘而得增長. 是故世尊. 住於大乘攝受大乘. 卽
의어대승이득증장　시고세존　주어대승섭수대승　즉

是住於二乘攝受二乘一切世間出世間善法. 如世尊說六
시주어이승섭수이승일체세간출세간선법　여세존설육

處. 何等爲六謂正法住. 正法滅. 波羅提木叉. 比尼. 出
처　하등위육위정법주　정법멸　바라제목차　비니　출

家. 受具足. 爲大乘故說此六處. 何以故. 正法住者. 爲
가　수구족　위대승고설차육처　하이고　정법주자　위

大乘故說. 大乘住者. 卽正法住. 正法滅者. 爲大乘故說.
대승고설　대승주자　즉정법주　정법멸자　위대승고설

大乘滅者. 卽正法滅. 波羅提木叉. 毘尼. 此二法者. 義
대승멸자　즉정법멸　바라제목차　비니　차이법자　의

一名異. 毘尼者卽大乘學. 何以故. 以依佛出家而受具
일명이　비니자즉대승학　하이고　이의불출가이수구

足. 是故說大乘威儀戒是毘尼是出家是受具足. 是故阿
족　시고설대승위의계시비니시출가시수구족　시고아

羅漢. 無出家受具足. 何以故. 阿羅漢依如來出家受具
라한　무출가수구족　하이고　아라한의여래출가수구

足故.
족고

강설

정법을 거두어들이는 것이 바로 대승이라고 한 승만 부
인의 말이 강하게 와 닿는 대목이다. 부처님의 권고에 의
해 승만 부인이 다시 정법의 수승함을 강조한다. 마하야나
(mahayana)는 대승의 어원이다. 『대승기신론』에서는 대승

을 '중생의 마음'이라 선언하고 이 마음에 진여문眞如門과 생멸문生滅門의 두 문이 있다고 하였다.

바라제목차는 구족계具足戒, 곧 비구·비구니 계戒의 조목을 모아 놓은 것을 말한다.

아뇩지는 인도 고대의 전설상의 큰 못으로 설산 속에 있는 못이다. 여기서 물이 사방으로 흘러나와 강이 여러 개로 나누어진다 한다. 정법인 대승이 일체 2승과 세간·출세간법을 내는 것이 땅이 일체 씨앗의 싹을 트게 하여 자라게 하는 것과 같다고 하였다.

14. 이승二乘들은 두려움이 있다

"아라한은 부처님께 귀의歸依하였으나 아라한은 공포가 남아 있습니다. 왜냐하면, 아라한은 온갖 것에 대한 행이 없으며 두려워하는 생각에 머물기 때문입니다. 마치 어떤 사람이 칼을 들고 와서 나를 해하려 함과 같으므로 아라한은 완전한 즐거움이 없습니다. 그 까닭은 세존이시여, 의지할 데를 구하지 않는 이에게 의지하는 것인데, 저 중생들은 의

지한 데가 없으므로 가는 데마다 공포를 느끼는 것이고, 공
포를 느끼므로 의지할 데를 구하는 것입니다. 이리하여 아
라한은 두려움이 있고, 두려움이 있으므로 여래에게 귀의
하는 것입니다.

세존이시여, 아라한과 벽지불辟支佛은 두려움이 있습니
다. 그러므로 아라한·벽지불은 다음 생에 나는(生) 일을 다
하지 못하였으므로 나는 일이 있으며, 다음 생에 나는 범행
梵行을 이루지 못하였으므로 순일하지 못하고, 일이 끝나지
못하였으므로 지어야 할 것이 있고, 다른 것을 벗어나지 못
하였으므로 끊어야 할 것이 있으며, 끊지 못한 것이 있으므
로 열반의 세계(涅槃界)와는 거리가 머나이다.

그 까닭을 말하면, 오직 여래·응應·정등각正等覺만이 반
열반般涅槃에 들 수 있사오니, 온갖 공덕을 모두 성취한 까
닭이오며, 아라한·벽지불은 온갖 공덕을 성취하지 못하였
지마는 열반을 얻었다고 말씀하신 것은 바로 부처님의 방
편입니다.

오직 여래만이 반열반에 들 수 있사오니 한량없는 공덕
을 성취한 까닭이오며, 아라한·벽지불은 한량 있는 공덕을
성취하였지마는 열반을 얻었다고 말씀하신 것은 바로 부처

님의 방편입니다."

阿羅漢歸依於佛. 阿羅漢有恐怖. 何以故. 阿羅漢於一
아 라 한 귀 의 어 불　 아 라 한 유 공 포　 하 이 고　 아 라 한 어 일

切無行怖畏想住. 如入執劍欲來害己. 是故阿羅漢無究
체 무 행 포 외 상 주　 여 입 집 검 욕 래 해 기　 시 고 아 라 한 무 구

竟樂. 何以故. 世尊. 依不求依如衆生無依彼彼恐怖. 以
경 악　 하 이 고　 세 존　 의 불 구 의 여 중 생 무 의 피 피 공 포　 이

恐怖故則求歸依. 如阿羅漢有怖畏. 以怖畏故. 依於如
공 포 고 칙 구 귀 의　 여 아 라 한 유 포 외　 이 포 외 고　 의 어 여

來. 世尊. 阿羅漢辟支佛有怖畏. 是故阿羅漢辟支佛. 有
래　 세 존　 아 라 한 벽 지 불 유 포 외　 시 고 아 라 한 벽 지 불　 유

餘生法不盡故. 有生有餘梵行不成故. 不純事不究竟故.
여 생 법 부 진 고　 유 생 유 여 범 행 불 성 고　 부 순 사 불 구 경 고

當有所作. 不度彼故. 當有所斷. 以不斷故. 去涅槃界遠.
당 유 소 작　 부 도 피 고　 당 유 소 단　 이 부 단 고　 거 열 반 계 원

何以故. 唯有如來應正等覺得般涅槃. 成就一切功德故.
하 이 고　 유 유 여 래 응 정 등 각 득 반 열 반　 성 취 일 체 공 덕 고

阿羅漢辟支佛. 不成就一切功德. 言得涅槃者. 是佛方
아 라 한 벽 지 불　 불 성 취 일 체 공 덕　 언 득 열 반 자　 시 불 방

便.
편

대승에서의 성문, 연각 이승의 평가는 이 장에서 설명하는 바와 같이 완전한 열반을 얻은 것이 아니라고 본다. 그것은 생사에 대한 공포가 남아 있기 때문이라는 것이다. 아라한과 벽지불이 대승의 범행梵行을 성취하지 못하는 것은 소승의 일반적인 경우처럼 이타원력利他願力이 결핍되었기 때문이다. 범행梵行이란 수행자의 청정한 행을 말하는 것으로, 계행을 잘 지키고 도덕적 의무를 충실히 이행하는 것이다. 사람의 행위에 일반적으로 말하는 선행善行이 있고 계戒를 잘 지키는 계행戒行이 있으며 또 수행修行이라는 말도 자주 쓴다.『화엄경』품品 이름에는 정행품淨行品이 있고 범행품梵行品이 있다.『열반경』에는 성행품聖行品이 있다.

15. 여래만이 반열반을 얻었다

"오직 여래만이 반열반을 얻었사오니 불가사의한 공덕을 성취한 까닭이며, 아라한·벽지불은 생각할 수 있는 공덕

〔思議功德〕을 성취하였지마는 반열반을 얻었다고 말씀하신 것은 바로 부처님의 방편입니다. 오직 여래만이 반열반을 얻었사오니 온갖 끊어야 할 허물을 모두 끊어버리고 제일가는 청정을 성취한 까닭이오며, 아라한·벽지불은 남은 허물이 있으므로 제일가는 청정이 아니지마는 열반을 얻었다고 말씀하신 것은 바로 부처님의 방편입니다.

오직 여래만이 반열반을 얻으시어 온갖 중생들이 우러러 보게 되어 아라한·벽지불 보살들의 경계에서 초월하였사오며, 아라한·벽지불은 열반계와의 거리가 멀지마는, '아라한·벽지불이 해탈하는 네 가지 지혜의 끝 간 데를 관찰하여 소생하여 쉴 곳〔蘇息處〕을 얻었다'고 말씀하신 것은 역시 바로 여래의 방편으로 하신 말씀이며, 아직도 끝까지 이르지 못한 말씀입니다."

唯有如來得般涅槃. 一切所應斷過皆悉斷滅. 成就第一
유 유 여 래 득 반 열 반　　일 체 소 응 단 과 개 실 단 멸　　성 취 제 일

清淨. 阿羅漢辟支佛有餘過. 非第一清淨. 言得涅槃者.
청 정　　아 라 한 벽 지 불 유 여 과　　비 제 일 청 정　　언 득 열 반 자

是佛方便. 唯有如來得般涅槃. 爲一切衆生之所瞻仰.
시 불 방 편　　유 유 여 래 득 반 열 반　　위 일 체 중 생 지 소 첨 앙

出過阿羅漢辟支佛菩薩境界. 是故阿羅漢辟支佛. 去涅
출 과 아 라 한 벽 지 불 보 살 경 계   시 고 아 라 한 벽 지 불   거 열

槃界遠. 言阿羅漢辟支佛觀察解脫四智究竟得蘇息處者.
반 계 원   언 아 라 한 벽 지 불 관 찰 해 탈 사 지 구 경 득 소 식 처 자

亦是如來方便. 有餘不了義說.
역 시 여 래 방 편   유 여 불 료 의 설

강설

완전한 열반을 얻는 것은 부처님 경지에서 가능한 일이고
성문이나 벽지불은 얻지 못한다고 하였다. 이들의 공덕은
생각할 수 있는 정도로 불가사의한 여래의 공덕과는 다르
다는 것이다. 그런데도 이승의 수행을 칭찬, 격려하면서 열
반을 얻었다고 말하는 것은 방편상에서 말씀한 것이라 하
였다. 대승大乘에서 소승小乘을 평가절하하는 이유는 소승
의 열반은 완전한 열반이 아닌 유여열반有餘涅槃으로 보고
대승의 열반이라야 무여열반無餘涅槃이라는 것이다. 또 소
승의 수행 경지를 아공我空만 증득했을 뿐 법공法空은 증득
하지 못했다고 보는 것이 일반적인 통례다.

16. 두 가지의 죽음

"그 까닭을 말씀드리면, 두 가지 죽는 것이 있사오니, 어떤 것이 그 두 가지인가 하면, 하나는 분단分段으로 죽는 것이고, 다른 하나는 부사의하게 변역(不思議變易)하여 죽는 것입니다. 분단으로 죽는 것은 허망한 중생을 두고 한 말이요, 부사의하게 변역하여 죽는 것은 아라한이나 벽지불이나 대력大力보살들의 마음대로 태어나는 몸으로부터 위없는 보리에 이르기까지를 말하는 것입니다.

두 가지 죽는 것 중에 분단으로 죽기 때문에 아라한·벽지불의 지혜를 일러서 나의 태어나는 일이 다하였다 하고, 더 해야 할 수행이 남아 있는 과(有餘果)를 증득하였으므로 범행梵行이 이미 섰다 하였고, 범부인 인간세상 사람·천상의 사람으로는 이루지 못한 것이고, 일곱 가지 학인學人들로는 앞서 끊지 못하였던 허망한 번뇌를 끊었으므로 지을 것을 이미 이루었다 하고, 아라한·벽지불의 끊은 번뇌로도 다시 뒤의 몸(後有)을 받지는 아니하므로 뒤의 몸을 받지 않는다고 말하였을망정 온갖 번뇌를 모두 끊었고, 온갖 받을 몸을 모두 다하였으므로 뒤의 몸을 받지 않는다고 말한

것은 아니니, 왜냐하면 어떤 번뇌는 아라한·벽지불로는 끊

지 못할 것이 있는 까닭입니다.

何以故. 有二種死. 何等爲二. 謂分段死. 不思議變易死.
하 이 고　유 이 종 사　하 등 위 이　위 분 단 사　부 사 의 변 역 사

分段死者. 謂虛僞衆生. 不思議變易死者. 謂阿羅漢辟
분 단 사 자　위 허 위 중 생　부 사 의 변 역 사 자　위 아 라 한 벽

支佛大力菩薩意生身乃至究竟無上菩提. 二種死中. 以
지 불 대 력 보 살 의 생 신 내 지 구 경 무 상 보 리　이 종 사 중　이

分段死故. 說阿羅漢辟支佛智我生已盡. 得有餘果證故.
분 단 사 고　설 아 라 한 벽 지 불 지 아 생 이 진　득 유 여 과 증 고

說梵行已立. 凡夫人天所不能辦. 七種學人先所未作.
설 범 행 이 립　범 부 인 천 소 불 능 판　칠 종 학 인 선 소 미 작

虛僞煩惱斷故. 說所作已辦. 阿羅漢辟支佛所斷煩惱更
허 위 번 뇌 단 고　설 소 작 이 판　아 라 한 벽 지 불 소 단 번 뇌 경

不能受後有故. 說不受後有. 非盡一切煩惱. 非盡一切
불 능 수 후 유 고　설 불 수 후 유　비 진 일 체 번 뇌　비 진 일 체

受生故說不受後有. 何以故有煩惱. 是阿羅漢辟支佛所
수 생 고 설 불 수 후 유　하 이 고 유 번 뇌　시 아 라 한 벽 지 불 소

不能斷.
불 능 단

나고 죽는 생사를 두 가지로 설명하는 내용이다. 분단생사
는 중생들이 육도를 윤회하면서 유루有漏의 선악업을 인因
으로 하고 번뇌의 장애(煩惱障)를 연緣으로 하여 욕계欲界·
색계色界·무색계無色界의 삼계三界 안에서 거친 과보를 받
게 되는데, 그 과보가 수명의 장단이라든지 신체의 대소
등 일정한 한계를 갖고 있기 때문에 분단分段이라 한다. 이
러한 분단을 받아 윤회하는 것을 분단생사라 하고, 변역생
사變易生死는 삼계三界 안에서 윤회하는 몸을 여의고 성불
할 때까지 자기의 수행 정도를 따라 삼계 밖에서 받는 생사
를 말한다. 미계迷界를 벗으나 오계悟界에 이르기까지의 사
이에 해당하는 생사를 말한다. 몸의 형태나 수명에 어떤 한
계가 없는 생사이다. 번뇌가 없는 선정과 서원의 힘에 의해
미묘한 작용이 불가사의하게 일어나기 때문에 부사의변역
생사不思議變易生死라고도 한다. 성문이나 벽지불, 대력보살
등은 변역신의 상태에서 생사를 받는다 한다. 이 변역생사
는 의생신意生身으로써 생사를 받기 때문에 분단생사와 다
르므로 실질적인 생사가 아니라고 보는 경우도 있다.

17. 번뇌의 두 가지

"번뇌에 두 가지가 있습니다. 주지住持번뇌와 기起번뇌입니다. 주지번뇌에는 또 네 가지가 있습니다. 견일처주지見一處住地·욕애欲愛주지·색애色愛주지·유애有愛주지입니다. 이 네 가지 주지번뇌가 일체 기번뇌를 일으킵니다. 기번뇌란 것은 찰나의 마음이 찰나에 서로 응하는 것입니다.

세존이시여, 마음이 서로 응하지 않는(心不相應) 것은 시작이 없는 무명주지無明住地라 하나이다.

세존이시여, 이 네 가지 주지의 힘이 온갖 상번뇌上煩惱가 의지하는 곳이며 종자이지만, 무명주지에 비하면 산수나 비유로 미칠 수 없나이다.

세존이시여, 이와 같아서 무명주지의 힘은 저 네 가지 주지의 힘보다 매우 큽니다. 마치 악마 파순波旬이 저 타화자재천他化自在天에서는 그 빛깔과 힘과 목숨과 권속과 여러 가지 도구가 가장 자재하고 뛰어나듯이, 이 무명주지의 힘은 저 네 가지 주지의 힘보다 매우 크며, 항하의 모래와 같이 많은 상번뇌가 의지할 데가 되며, 또 네 가지 번뇌로 하여금 오래오래 머물게 하므로, 아라한이나 벽지불의 지혜

로는 끊을 수 없고, 다만 여래의 보리의 지혜라야 끊을 수
있습니다.

　이와 같이 세존이시여, 무명주지의 힘이 가장 큰 것입
니다."

煩惱有二種. 何等爲二. 謂住地煩惱. 及起煩惱住地有
번뇌유이종　하등위이　위주지번뇌　급기번뇌주지유

四種. 何等爲四. 謂見一處住地欲愛住地. 色愛住地. 有
사종　하등위사　위견일처주지욕애주지　색애주지　유

愛住地. 此四種住地. 生一切起煩惱. 起者刹那心刹那
애주지　차사종주지　생일체기번뇌　기자찰나심찰나

相應. 世尊. 心不相應無始無明住地. 世尊. 此四住地力.
상응　세존　심불상응무시무명주지　세존　차사주지력

一切上煩惱依種. 比無明住地. 算數譬喩所不能及世尊.
일체상번뇌의종　비무명주지　산수비유소불능급세존

如是無明住地力. 於有愛數四住地. 無明住地其力最大.
여시무명주지력　어유애수사주지　무명주지기력최대

譬如惡魔波旬於他化自在天色力壽命眷屬衆具自在殊
비여악마파순어타화자재천색력수명권속중구자재수

勝. 如是無明住地力. 於有愛數四住地. 其力最勝. 恒沙
승　여시무명주지력　어유애수사주지　기력최승　항사

等數上煩惱依. 亦令四種煩惱久住. 阿羅漢辟支佛智所
등수상번뇌의　역령사종번뇌구주　아라한벽지불지소

不能斷. 唯如來菩提智之所能斷. 如是世尊. 無明住地
불능단　유여래보리지지소능단　여시세존　무명주지

最爲大力.
최 위 대 력

강설

번뇌에 대하여 설명하고 있다. 번뇌란 마음을 교란하는 것
으로, 선정에 들지 못하는 것이 이 번뇌 때문이다. 주지번
뇌는 번뇌의 근본을 말하고 기번뇌는 주지번뇌로부터 파생
되어 생겨나는 번뇌다.

이 번뇌를 견도위와 수도위에서 끊는 종류를 나눠 견혹
見惑, 수혹修惑이라고도 말하는데, 견일처주지는 견혹이고
욕애주지는 수혹이다. 수혹을 사혹思惑이라고도 한다. 견
혹은 깨닫지 못한 무지의 상태에서 견도위에 들어가 사성
제四聖諦의 이치를 관찰하여 끊게 된다. 욕애주지는 욕계의
사혹으로 오욕락 등에 집착하여 욕계를 벗어나지 못하게
하는 번뇌다. 색애주지는 색계에서 일어나는 사혹이며 유
애주지는 무색계에서 일어나는 사혹이다.

무명주지는 곧 근본무명으로 모든 번뇌가 이를 의지해
일어난다.

파순波旬은 욕계 육천의 임금으로 선정을 방해하는 마왕魔王이다.

18. 의생신意生身이 나오는 원인

"세존이시여, 또 마치 번뇌의 연緣과 유루업有漏業의 인因으로 삼계三界를 내는 것같이 무명주지의 연과 무루업無漏業의 인으로 아라한·벽지불·대력大力보살들의 세 가지 의생신意生身을 내는 것이니, 이 세 가지 지위와 저 세 가지 의생신이 나는 것 및 무루업의 나는 것이 모두 무명주지를 의지하는 것이므로 연이 있는 것이고, 연이 없는 것이 아닙니다. 그러므로 세 가지 의생신과 무루업이 모두 무명주지無明住地를 원인으로 하는 것입니다.

세존이시여, 이와 같이 유애주지有愛住地 등 네 가지 주지는 무명주지로 업이 같지 않나이다.

무명주지를 여의는 것은 네 가지 주지를 여의는 것과는 달라서 부처님 지위에서 끊는 것이며, 부처님의 보리菩提지혜로 끊는 것입니다. 왜냐하면, 아라한·벽지불은 네 가지 주지는 끊었으나 무루를 다하지 못하였으므로 자재한 힘을 얻지 못하였으며 증득하지도 못하였습니다. 무루를 끊어내지 못하였다는 것은 곧 무명주지가 남아 있다는 것입니다."

世尊. 又如取緣有漏業因而生三有. 如是無明住地緣無
세존 우여취연유루업인이생삼유 여시무명주지연무

漏業因. 生阿羅漢辟支佛大力菩薩三種意生身. 此三地
루업인 생아라한벽지불대력보살삼종의생신 차삼지

彼三種意生身生. 及無漏業生. 依無明住地. 有緣非無
피삼종의생신생 급무루업생 의무명주지 유연비무

緣. 是故三種意生及無漏業緣無明住地. 世尊 如是有愛
연 시고삼종의생급무루업연무명주지 세존 여시유애

住地數四住地. 不與無明住地業同. 無明住地異離四住
주지수사주지 불여무명주지업동 무명주지이리사주

地. 佛地所斷. 佛菩提智所斷. 何以故. 阿羅漢辟支佛.
지 불지소단 불보리지소단 하이고 아라한벽지불

斷四種住地. 無漏不盡不得自在力. 亦不作證. 無漏不
단사종주지 무루부진부득자재력 역부작증 무루부

盡者. 卽是無明住地.
진자 즉시무명주지

의생신意生身이란 마음의 생각에 의해서 만들어지는 몸이라는 뜻이다. 의성신意成身이라고도 한다. 오온에 의해 구성되는 몸이 아닌, 의온意蘊에 의해서 구성되는 몸이다. 이 의생신은 불보살의 경우와 범부중생의 경우가 다르다. 중생의 의생신은 잠자다 꿈속에 나타나는 몸처럼 정혈精血의 연을 빌리지 않는다는 뜻에서 의생신이라 하지만 업력을 벗어나지는 못한다. 사람이 죽은 후 다음 생의 몸을 받을 때까지의 중유中有 기간, 곧 영가로 있는 상태도 의생신으로 본다. 그러나 불보살의 경우는 중생을 교화제도하기 위한 원력으로 의생신을 나타낸다고 한다. 특히 부처님의 경우는 여의불如意佛, 혹은 수락불隨樂佛이라 한다.

불교의 일반적인 교설로 볼 때 삼계라는 세계가 무명에 의한 중생의 업에서 생기고 다시 무명의 힘에 의해 미계迷界의 의생신이 생긴다고 한다. 물론 이 무명이 끊어진 부처의 지위에서도 의생신은 중생의 의생신과는 다른 차원에서 생기기도 하는 것이다.

19. 부분적인 열반

"세존이시여, 아라한이나 벽지불 그리고 맨 마지막 몸(最後身)을 받은 보살은 무명주지에 덮였으므로 저마다의 법을 알지도 못하고 깨닫지도 못하며, 알지도 못하고 보지도 못하므로 마땅히 끊어야 할 것을 끊지 못하고 끝내지 못하였습니다. 끊지 못하였으므로 허물이 남은 해탈이라 하고, 허물을 모두 여읜 해탈이 되지 못하므로 나머지가 있는 청정이라 하고 완전한 청정이라 하지 못하며, 남음이 있는 공덕을 성취하였다 할지언정 완전한 공덕을 성취한 것이 아닙니다. 남음이 있는 해탈과 남음이 있는 청정과 남음이 있는 공덕을 성취하였으므로 남음이 있는 고苦를 알았고, 남음이 있는 집集을 끊었고, 남음이 있는 멸滅을 증득하였고, 남음이 있는 도道를 닦았으니, 이것을 부분적 열반(少分涅槃)을 얻었다 합니다. 부분적 열반을 얻은 이는 완전한 열반의 경지를 향하는 것이라 합니다."

世尊. 阿羅漢辟支佛最後身菩薩. 爲無明住地之所覆障
세존   아라한벽지불최후신보살   위무명주지지소복장

96

故. 於彼彼法不知不覺. 以不知見故. 所應斷者不斷不
고　어피피법부지불각　이부지견고　소응단자부단불

究竟. 以不斷故. 名有餘過解脫. 非離一切過解脫. 名有
구경　이부단고　명유여과해탈　비리일체과해탈　명유

餘淸淨. 非一切淸淨. 名成就有餘功德. 非一切功德. 以
여청정　비일체청정　명성취유여공덕　비일체공덕　이

成就有餘解脫有餘淸淨有餘功德故. 知有餘苦. 斷有餘
성취유여해탈유여청정유여공덕고　지유여고　단유여

集. 證有餘滅. 修有餘道. 是名得少分涅槃. 得少分涅槃
집　증유여멸　수유여도　시명득소분열반　득소분열반

者. 名向涅槃界.
자　명향열반계

강설

대승불교가 일어나고부터 열반의 개념이 달라졌다. 열반
涅槃이란 원래 범어 Nirvama를 음사한 말로 적멸寂滅, 멸도
滅度, 원적圓寂이라 번역한다. 때로는 취소吹消라고도 번역
했는데, 바람에 촛불이 꺼지듯이 번뇌의 불길, 혹은 욕망의
불길을 꺼버렸다는 뜻이다.

　대승에서는 이승들의 수행을 평가절하하여 번뇌를 완전
히 끊은 경지가 아닌, 아직도 끊어야 할 미세한 번뇌가 남

아 있으며, 따라서 괴로움을 완전히 벗어난 상태가 아니라고 보았다. 열반을 유여열반有餘涅槃과 무여열반無餘涅槃으로 나누는데, 이 장에서 아라한이나 벽지불은 무명주지에 덮여 있어 무명이 남아 있으므로 끊어야 할 번뇌가 남아 있는 상태라고 하였다. 그래서 조금 부분적으로 열반을 얻은 것이지 완전한 열반을 얻은 것이 아니라고 하였다. 이는 무여열반이 아닌 유여열반이라는 말이다.

20. 무명이 머무르는 근본 자리(無明住地)

"만약 일체의 고苦를 알고 일체의 집集을 끊고 일체의 멸滅을 증득하고 일체의 도道를 닦았으면, 덧없이 부서지는 세간과 덧없이 병드는 세간에서도 언제나 변함없이 그대로인 상주열반常住涅槃을 얻을 것이며, 보호해 줄 사람 없는 세간과 의지할 데가 없는 세간에서 보호해 줄 이가 되고 의지할 데가 될 것입니다.

왜냐하면 법은 낫고 못함이 없기 때문에 열반을 얻고, 지혜가 평등하므로 열반을 얻고, 해탈이 평등하므로 열반을 얻고, 깨끗함이 평등하므로 열반을 얻습니다. 그러므로 열반이란 한맛이며 평등한 맛이라 하니, 해탈의 맛을 말하는 것입니다.

세존이시여, 만일 무명주지를 끊지 못하고 끝내지 못한 이는 일미평등한 밝은 해탈의 맛을 얻지 못합니다. 왜냐하면 무명주지를 끊지 못하고 끝내지 못한 이는 항하의 모래알보다 많은 마땅히 끊어야 할 법을 끊지 못하였고 끝내지 못하였으니, 항하의 모래알보다 많은 마땅히 끊어야 할 법을 끊지 못하였기 때문에 항하의 모래알보다 많은 법과 마땅히 얻어야 할 것을 얻지 못하였고, 마땅히 증득하여야 할 것을 증득하지 못한 것입니다.

그러므로 무명주지가 쌓여서 온갖 수도하는 지위에서 끊을 번뇌와 상번뇌上煩惱를 일으킵니다. 저 마음을 닦는 위에서 일어나는 번뇌와, 지止를 닦는 위에서 일어나는 번뇌와, 관觀을 닦는 위에서 일어나는 번뇌와, 선禪을 닦는 위에서 일어나는 번뇌와, 정수正受를 닦는 위에서 일어나는 번뇌와, 방편方便을 닦는 위에서 일어나는 번뇌와 지혜를 닦는 위에서 일어나는 번뇌와, 과果 위에서 일어나는 번뇌와, 얻음(得)에서 일어나는 번뇌와, 힘(力)에서 일어나는 번뇌와, 무외無畏에서 일어나는 번뇌를 내는 것입니다.

　이와 같이 항하의 모래알보다 많은 상번뇌는 여래의 보리 지혜로만 끊을 수 있는 것이니, 이 온갖 것이 모두 무명주지를 의지하여 세워진 것이며, 온갖 상번뇌가 일어나는 것도 모두 무명주지로 인한 것이며, 무명주지를 반연한 것입니다.

若知一切苦. 斷一切集. 證一切滅. 修一切道. 於無常壞
약 지 일 체 고　단 일 체 집　증 일 체 멸　수 일 체 도　어 무 상 괴

世間. 無常病世間. 得常住涅槃. 於無覆護世間無依世
세 간　무 상 병 세 간　득 상 주 열 반　어 무 복 호 세 간 무 의 세

間. 爲護爲依. 何以故. 法無優劣故得涅槃. 智慧等故得
간　위 호 위 의　하 이 고　법 무 우 렬 고 득 열 반　지 혜 등 고 득

涅槃. 解脫等故得涅槃. 淸淨等故得涅槃. 是故涅槃一
열 반　해 탈 등 고 득 열 반　청 정 등 고 득 열 반　시 고 열 반 일

味等味. 謂解脫味. 世尊. 若無明住地. 不斷不究竟者.
미 등 미　위 해 탈 미　세 존　약 무 명 주 지　부 단 불 구 경 자

不得一味等味謂明解脫味. 何以故. 無明住地不斷不究
부 득 일 미 등 미 위 명 해 탈 미　하 이 고　무 명 주 지 부 단 불 구

竟者. 過恒沙等所應斷法. 不斷不究竟. 過恒沙等所應
경 자　과 항 사 등 소 응 단 법　부 단 불 구 경　과 항 사 등 소 응

斷法不斷故. 過恒沙等法應得不得應證不證. 是故無明
단 법 부 단 고　과 항 사 등 법 응 득 부 득 응 증 부 증　시 고 무 명

住地積聚生一切修道斷煩惱上煩惱. 彼生心上煩惱. 止
주 지 적 취 생 일 체 수 도 단 번 뇌 상 번 뇌   피 생 심 상 번 뇌   지

上煩惱. 觀上煩惱. 禪上煩惱. 正受上煩惱. 方便上煩惱.
상 번 뇌   관 상 번 뇌   선 상 번 뇌   정 수 상 번 뇌   방 편 상 번 뇌

智上煩惱. 果上煩惱. 得上煩惱. 力上煩惱. 無畏上煩惱.
지 상 번 뇌   과 상 번 뇌   득 상 번 뇌   력 상 번 뇌   무 외 상 번 뇌

如是過恒沙等上煩惱. 如來菩提智所斷. 一切皆依無明
여 시 과 항 사 등 상 번 뇌   여 래 보 리 지 소 단   일 체 개 의 무 명

住地之所建立. 一切上煩惱起. 皆因無明住地緣無明住
주 지 지 소 건 립   일 체 상 번 뇌 기   개 인 무 명 주 지 연 무 명 주

地.
지

강설

일체의 번뇌가 모두 무명주지에 의해서 일어난다는 것을
다시 말하고 있는 대목이다. 수도상에서 일어나는 모든 번
뇌도 무명주지 때문이라는 것이다. 상번뇌上煩惱란 무엇을
하는 과정상에서 일어나는 번뇌라는 뜻이다. 모든 번뇌의
근원이 되는 근본무명根本無明에서 지말무명枝末無明이 파
생되는데, 생사의 근본 원인이 이 무명주지에 의해서 있게
된다. 무명이란 어두운 번뇌의 마음에는 지혜의 빛이 없기

때문에 어둠을 뜻하는 말로 쓰이면서 동시에 무지無知의 뜻을 가지고 있는 말이다. 갠지스강의 모래알만큼 많은 번뇌의 의지처가 되는 것이 무명주지이므로『승만경』에서는 이 무명주지의 힘이 가장 크다는 것을 강조하여 오직 부처님의 지혜로서만 끊을 수 있다고 하였다.

21. 여래의 지혜라야 끊을 수 있는 무명주지

"세존이시여, 이것으로 일어난 번뇌는 찰나의 마음이 찰나에 서로 응하는 것이지만, 세존이시여, 마음에 서로 응하지 (心不相應) 않는 것은 시작이 없는 무명주지無明住地입니다.

세존이시여, 또 여래의 보리 지혜로 끊을 수 있는 항하의 모래보다 많은 법은 모두 무명주지로 유지되는 것이며, 세워진 것입니다. 마치 온갖 종자가 모두 땅을 의지하여 나고 세워지고 자라는 것이므로 만약 땅이 부서지면 저것들도 따라서 부서지는 것과 같습니다. 그와 같이 여래의 보리 지혜라야 끊을 수 있는 항하의 모래알보다 많은 법은 모두 무명주지를 의지하여 나고 세워지고 자라는 것이므로, 만일 무명주지가 끊어지면 여래의 지혜로 끊을 수 있는 항하의 모래알보다 많은 법도 모두 따라 끊어지는 것입니다.

이와 같이 일체의 번뇌와 상번뇌上煩惱가 끊어지면 여래께서 얻으신 항하의 모래알보다 많은 온갖 법을 통달하여 걸림이 없으시고, 온갖 지견知見이 온갖 허물을 여의고 온갖 공덕을 얻으며, 법의 왕이신 법주法主께서 자재함을 얻어 온갖 법에 자재한 지위에 오릅니다. 그러므로 여래·응應·등정각等正覺께서 사자후師子吼하시기를, '나의 나는(生) 일이 이제 끝났고, 범행梵行이 이미 이루어졌고, 할 일을 이미 해 마쳤고, 다음 생의 몸(後有)을 받지 아니한다.' 하셨습니다. 그리하여 세존께서는 사자후로 올바른 이치를 의지하여 한결같이 말씀하셨습니다."

世尊. 於此起煩惱刹那心刹那相應. 世尊. 心不相應無
세 존　어차 기 번 뇌 찰 나 심 찰 나 상 응　　세 존　심 불 상 응 무

始無明住地. 世尊. 若復過於恒沙如來菩提智所應斷法.
시 무 명 주 지　세 존　약 부 과 어 항 사 여 래 보 리 지 소 응 단 법

一切皆是無明住地所持所建立. 譬如一切種子皆依地生
일 체 개 시 무 명 주 지 소 지 소 건 립　　비 여 일 체 종 자 개 의 지 생

建立增長若地壞者彼亦隨壞. 如是過恒沙等如來菩提智
건 립 증 장 약 지 괴 자 피 역 수 괴　　여 시 과 항 사 등 여 래 보 리 지

所應斷法. 一切皆依無明住地生建立增長. 若無明住地
소 응 단 법　　일 체 개 의 무 명 주 지 생 건 립 증 장　　약 무 명 주 지

斷者. 過恒沙等如來菩提智所應斷法. 皆亦隨斷. 如是
단 자　　과 항 사 등 여 래 보 리 지 소 응 단 법　　개 역 수 단　　여 시

一切煩惱上煩惱斷過恒沙等. 如來所得一切諸法通達無
일 체 번 뇌 상 번 뇌 단 과 항 사 등　　여 래 소 득 일 체 제 법 통 달 무

礙一切智見. 離一切過惡. 得一切功德法王法主. 而得
애 일 체 지 견　　리 일 체 과 악　　득 일 체 공 덕 법 왕 법 주　　이 득

自在. 登一切法自在之地. 如來應等正覺正師子吼. 我
자 재　　등 일 체 법 자 재 지 지　　여 래 응 등 정 각 정 사 자 후　　아

生已盡梵行已立所作已辦不受後有. 是故世尊. 以師子
생 이 진 범 행 이 립 소 작 이 판 불 수 후 유　　시 고 세 존　　이 사 자

吼依於了義. 一向記說.
후 의 어 료 의　　일 향 기 설

강설

번뇌가 일어나는 것은 주관과 객관이 나누어져 처음 미세
한 단계에서 점점 거친 단계로 진행이 된다. 『기신론』에서
는 이를 세 가지 미세한 단계와 여섯 가지 거친 단계인 3세
三細 6추六麤의 9상차제九相次第로 설명하고 있다. 상응이란
생각하는 주체와 생각되어지는 대상인 객체가 분리된 상태
에서 일어나는 번뇌의 경우를 말하고, 불상응이란 주객의

나넘이 없는 본래 깨닫지 못한 무명의 상태를 일컫는 말이다. 이 불상응을 무명주지라 하였다. 또한 마치 대지가 온갖 식물의 종자를 싹트게 하여 자라게 하듯이 갠지스강의 모래알보다 많은 상번뇌가 무명주지에 의해 일어나 서게 되고 커지게 된다고 하였다. 이 무명주지는 오직 여래의 지혜로서만 끊을 수 있다 하였다.

22. 윤회하지 않는 지혜

"세존이시여, '윤회를 하지 않는' 지혜에 두 가지가 있습니다.

이른바 여래는 위없는 조어調御로서 네 가지 마군을 항복받고, 모든 세간을 벗어나서 일체 중생이 우러러보는 불가사의한 법신을 얻으셨습니다. 모든 알아야 할 대상 경계에 대하여 걸림 없는 법의 자재를 얻었습니다.

더 이상 다시 수행할 것도 없으며 얻어야 할 것도 없는 경지에서 십력十力이 용맹하여 제일의 위없고 두려움 없는 지위에 올라가셨습니다.

모든 알아야 할 대상을 걸림 없는 지혜로 관찰하는 데는 다른 것에 말미암지 않고 미래에 윤회를 받지 않는 지혜로 사자후를 하십니다.

세존이시여, 아라한과 벽지불들은 생사의 두려움을 건너서 차례로 해탈의 기쁨을 얻어 기꺼이 '나는 생사의 공포를 떠났으니 생사의 괴로움을 받지 않을 것이다'라고 생각합니다.

세존이시여, 아라한과 벽지불들이 관찰할 때는 윤회를 받지 않는 것이 가장 뛰어난 안식처蘇息處라 여기고 열반에 처한다고 생각합니다.

세존이시여, 저들이 먼저 얻은바 열반의 경지는 법에 어리석지는 않아, 남을 말미암지 않고 스스로 부분적인(有餘) 지위를 얻고서도 틀림없이 위없이 바른 깨달음을 얻었다고 알아버립니다. 왜냐하면, 성문승과 연각승은 모두 대승에 들기 때문입니다. 대승은 곧 불승佛乘입니다. 이렇기 때문에 삼승三乘이 곧 일승一乘이며, 일승을 얻은 것이 아뇩다라삼먁삼보리를 얻은 것입니다. 아뇩다라삼먁삼보리가 곧 열반의 세계입니다. 열반의 세계가 여래 법신이며 궁극적인 법신을 얻은 것입니다. 궁극적인 일승은 여래와 다르지 않고 법신과 다르지 않습니다. 여래가 곧 법신이며, 궁극적인 법신을 얻은 것은 궁극적인 일승을 얻은 것입니다. 궁극적이라는 것은 변두리가 없으며 끊어짐이 없는 것입니다."

世尊. 不受後有智有二種. 謂如來以無上調御. 降伏四
세 존   불 수 후 유 지 유 이 종   위 여 래 이 무 상 조 어   강 복 사

魔出一切世間. 爲一切衆生之所瞻仰. 得不思議法身.
마 출 일 체 세 간   위 일 체 중 생 지 소 첨 앙   득 부 사 의 법 신

於一切爾焰地得無礙法自在. 於上更無所作無所得地.
어 일 체 이 염 지 득 무 애 법 자 재   어 상 경 무 소 작 무 소 득 지

十力勇猛昇於第一無上無畏之地. 一切爾炎無礙智觀不
십 력 용 맹 승 어 제 일 무 상 무 외 지 지   일 체 이 염 무 애 지 관 불

由於他. 不受後有智師子吼. 世尊. 阿羅漢辟支佛. 度生
유 어 타   불 수 후 유 지 사 자 후   세 존   아 라 한 벽 지 불   도 생

死畏次第得解脫樂. 作是念. 我離生死恐怖不受生死苦.
사 외 차 제 득 해 탈 악   작 시 념   아 리 생 사 공 포 불 수 생 사 고

世尊. 阿羅漢辟支佛觀察時. 得不受後有觀第一蘇息處
세 존   아 라 한 벽 지 불 관 찰 시   득 불 수 후 유 관 제 일 소 식 처

涅槃地. 世尊. 彼先所得地. 不愚於法不由於他. 亦自知
열 반 지   세 존   피 선 소 득 지   불 우 어 법 불 유 어 타   역 자 지

得有餘地. 必當得阿耨多羅三藐三菩提. 何以故. 聲聞
득 유 여 지   필 당 득 아 녹 다 라 삼 막 삼 보 리   하 이 고   성 문

緣覺乘皆入大乘. 大乘者卽是佛乘. 是故三乘卽是一乘.
연 각 승 개 입 대 승   대 승 자 즉 시 불 승   시 고 삼 승 즉 시 일 승

得一乘者. 得阿耨多羅三藐三菩提. 阿耨多羅三藐三菩
득 일 승 자   득 아 녹 다 라 삼 막 삼 보 리   아 녹 다 라 삼 막 삼 보

提者. 卽是涅槃界. 涅槃界者卽是如來法身. 得究竟法
리 자   즉 시 열 반 계   열 반 계 자 즉 시 여 래 법 신   득 구 경 법

身者. 則究竟一乘. 無異如來無異法身. 如來卽法身. 得
신 자   칙 구 경 일 승   무 이 여 래 무 이 법 신   여 래 즉 법 신   득

究竟法身者. 則究竟一乘. 究竟者卽是無邊不斷.
구 경 법 신 자   칙 구 경 일 승   구 경 자 즉 시 무 변 부 단

강설

후유後有란 생사를 완전히 벗어나지 못한 사람이 후세에 받
을 과보가 있다는 뜻에서 후유라 하며, 생사를 받는 몸 가
운데 맨 마지막 몸을 가리킨다. 후유를 받지 않는다는 것은
더 이상 생사의 몸을 받지 않는다는 뜻이다. 사마四魔는 번
뇌마, 오음마, 사마死魔, 천마天魔이다. 번뇌마는 번뇌가 일
어나 몸과 마음을 어지럽게 하여 깨달음을 얻는 것을 방해
하므로 마라고 하고, 오음마란 오음으로 인한 고통을 마魔
에 비유하여 하는 말이다. 사마死魔는 사람의 목숨을 빼앗
아 가는 죽음을 마로 보는 것이고, 천마天魔란 욕계의 자재
천이 선정을 닦는 좋은 일을 방해하므로 마라 한다.

마魔란 범어 마라(魔羅: Mara)를 줄인 말로 장애자障碍者,

악자惡者라 번역한다. 몸과 마음을 어지럽게 하여 선법을 방해하고 좋은 일을 방해하여 수행에 장애가 되는 것을 말한다.

23. 여래께 귀의하는 것

세존이시여, 여래는 제한이 없는 시간에 머무시며, 여래·응·등정각은 끝없는 미래의 어느 시간에도 머무시기에, 여래는 시간의 제한이 없으십니다. 그렇기 때문에 자비도 제한이 없으시어 세간을 편안하게 위로하십니다. 한량이 없는 대비로 한없이 세간을 위로하십니다. 이렇게 말하는 사람은 여래를 옳게 말하는 것이며, 또 말하기를, '한량이 없는 법과 항상 머무는 법이 일체 세간의 귀의할 곳이 된다.'고 말하는 이도 역시 여래를 옳게 말하는 것입니다. 그러므로 제도 받지 못한 세간과 의지할 곳 없는 세간에서 끝없는 미래같이 다함 없는 귀의와 항상 머무는 귀의가 되는 사람은 여래·응·등정각을 말함입니다.

　법이라 함은 곧 일승一乘의 도를 설하는 것입니다. 승僧

이라 함은 삼승三乘의 무리입니다. 이 두 가지에 귀의함은 구경의 귀의가 아니므로 부분적인 귀의라 합니다. 그 까닭을 말하면, 일승의 도법으로써만 구경의 법신을 얻는다 하였고, 그 위에 다시 일승의 법신을 말하지 아니하였으며, 삼승의 무리들은 공포가 있으므로 여래에게 귀의하고, 벗어나기 위하여 도를 닦아 아뇩다라삼먁삼보리로 향하는 것입니다. 그러므로 이 둘에 귀의함은 구경의 귀의가 아니고 한정이 있는 귀의가 됩니다. 만일 어떤 중생이 여래의 조복을 받고 여래에게 귀의하여 불법의 즐거움을 얻고 믿는 마음을 내어 법과 승에 귀의한다면, 이 둘에 귀의하는 것은 둘에 귀의하는 것이 아니고, 곧 여래에게 귀의하는 것이 됩니다.

제일의第一義에 귀의하는 것이 곧 여래에게 귀의하는 것입니다. 이 두 가지에 귀의하는 것과 제일의는 이것이 구경에 여래에게 귀의하는 것입니다. 왜냐하면 다른 여래가 없고 다른 두 가지 귀의가 없기 때문입니다. 여래가 곧 삼귀의가 됩니다. 그 까닭을 말하면, 일승의 도를 설함은 여래께서 네 가지 두려움 없음을 성취하여 사자후로 말씀하시는 것이거니와, 만일 여래께서 저들의 욕망을 따라 방편으로 말씀하신 것이라면 곧 대승이며 삼승이 없는 것이니, 삼승이 일승에 들어가고, 일승이 곧 제일의승第一義乘이 됩니다."

世尊. 如來無有限齊時 住如來應等正覺後際等住. 如來
세존   여래무유한제시 주여래응등정각후제등주   여래

無限齊. 大悲亦無限齊. 安慰世間. 無限大悲無限安慰
무한제   대비역무한제   안위세간   무한대비무한안위

世間. 作是說者. 是名善說如來. 若復說言無盡法常住
세간   작시설자   시명선설여래   약부설언무진법상주

法一切世間之所歸依者. 亦名善說如來. 是故於未度世
법일체세간지소귀의자   역명선설여래   시고어미도세

間無依世間. 與後際等作無盡歸依常住歸依者. 謂如來
간무의세간   여후제등작무진귀의상주귀의자   위여래

應等正覺也. 法者卽是說一乘道. 僧者是三乘衆. 此二
응등정각야   법자즉시설일승도   승자시삼승중   차이

歸依非究竟歸依. 名少分歸依. 何以故. 說一乘道法. 得
귀의비구경귀의   명소분귀의   하이고   설일승도법   득

究竟法身. 於上更無說一乘法身. 三乘衆者有恐怖歸依
구경법신   어상갱무설일승법신   삼승중자유공포귀의

如來. 求出修學向阿耨多羅三藐三菩提. 是故二依非究
여래   구출수학향아녹다라삼막삼보리   시고이의비구

竟依. 是有限依. 若有衆生如來調伏. 歸依如來得法津
경의   시유한의   약유중생여래조복   귀의여래득법진

澤. 生信樂心歸依法僧. 是二歸依非此二歸依. 是歸依
택   생신악심귀의법승   시이귀의비차이귀의   시귀의

如來. 歸依第一義者. 是歸依如來. 此二歸依第一義. 是
여래 귀의제일의자 시귀의여래 차이귀의제일의 시

究竟歸依如來. 何以故. 無異如來. 無異二歸依. 如來卽
구경귀의여래 하이고 무이여래 무이이귀의 여래즉

三歸依. 何以故. 說一乘道. 如來四無畏成就師子吼說.
삼귀의 하이고 설일승도 여래사무외성취사자후설

若如來隨彼所欲而方便說. 卽是大乘無有三乘. 三乘者
약여래수피소욕이방편설 즉시대승무유삼승 삼승자

入於一乘. 一乘者卽第一義乘.
입어일승 일승자즉제일의승

강설

이 장에서는 일승법에 대하여 설하고 있다. 그래서 이 대목
을 일승장一乘章이라 말하기도 한다. 앞에서 정법을 거두어
들이는 것이 곧 일승법에 귀의하는 것이라 하고, 그 일승
에 대해 구체적인 설명을 더해 나가는 대목이다. 일승이란
불교의 궁극의 진리를 나타내는 말이다. 유일무이한 궁극
적 가치를 지니고 있는 절대 진리를 하나의 탈것에 비유하
여 하는 말이다. 방편상에서 볼 때는, 부처님이 중생의 근
기에 맞춰 가지가지의 법을 설했으나, 그러나 오직 유일한
하나의 진리를 위하여 부처님이 갖가지 법을 설한다는 것

이다. 『법화경』에는 부처님의 법은 오직 일승법이라 하였다. 사람들의 능력과 자질에 따라 성문, 연각, 보살의 삼승법이 있으나 이 삼승법은 결국 일승법에 나아가기 위한 수단이라는 것이다. 이 일승사상은 대승의 대표적 경전인 『법화경』이나 『화엄경』에서 강조되고, 『승만경』에서도 중요한 핵심으로 다루고 있다. 정법을 거두어들이는 것을 다시 말해 보라는 부처님의 말씀을 듣고 승만 부인이 정법을 거두어들이는 것이 대승이며, 대승이 곧 일승이라 하다가 이 대목에 와서는 일승이 제일의승이며 여기에 귀의하는 것이 여래에게 귀의하는 것이라 하였다.

제6장 무변성제장
無 邊 聖 諦 章

24. 끝없이 성스러운 진리

"세존이시여, 성문이나 연각이 처음으로 성스러운 진리(聖諦)를 관찰하고는 한 지혜로 모든 주지住地를 끊습니다. 한 지혜로 네 가지를 끊음으로써 공덕을 증득할 줄을 알고, 또 이 네 가지 진실한 법(四法)의 뜻을 잘 압니다. 세존이시여, 출세간의 상상지上上智는 없고 네 가지 지혜가 점점 나아갈 것이 없으며, 네 가지 조건(四緣)이 점점 나아가는 것이 없으니, 점점 나아감이 없는 법이 곧 출세간의 상상지가 됩니다.

세존이시여, 금강으로 비유하는 것은 곧 제일의第一義의

지혜이나, 세존이시여, 성문이나 연각으로서 무명주지를 끊지 못하고 성제聖諦를 처음 본 지혜는 제일의의 지혜가 아니니, 세존이시여, 둘이 없는 성제를 아는 지혜로써 모든 주지를 끊어야 합니다.

세존이시여, 여래·응·등정각은 성문·연각의 경계가 아니니, 불가사의한 공의 지혜(不思議空智)로써 온갖 번뇌의 장애(煩惱藏)를 끊어버립니다.

세존이시여, 만약 일체 번뇌의 장애를 끊으면 곧 최후의 완성된 지혜(究竟智)가 되니, 이것을 가장 으뜸가는 지혜(第一義智)라 합니다. 처음으로 성제를 안 지혜는 최후의 완성된 지혜가 아니고, 아뇩다라삼먁삼보리로 향하는 지혜일 뿐입니다.

세존이시여, 성聖의 의미는 성문·연각의 경계가 아닙니다. 성문·연각은 한정이 있는 공덕을 성취하였고, 성문·연각은 부분적인 공덕을 성취하였으므로 이름을 성인이라 하나, 성스러운 진리(聖諦)라 하는 것은 성문·연각의 법이 아니며, 성문·연각의 공덕도 아닙니다.

세존이시여, 이 진리는 여래·응·등정각께서 처음으로 깨달아 아시고, 그 후에 무명의 껍데기에 가려 있는 세간들

을 위하여 열어 보이시고 연설하셨으므로 성스러운 진리
(聖諦)라 합니다."

世尊. 聲聞緣覺初觀聖諦以一智斷諸住地. 以一智四斷
세존 성문연각초관성제이일지단제주지 이일지사단

知功德作證亦善知此四法義. 世尊. 無有出世間上上智.
지공덕작증역선지차사법의 세존 무유출세간상상지

四智漸至及四緣漸至. 無漸至法是出世間上上智. 世尊.
사지점지급사연점지 무점지법시출세간상상지 세존

金剛喩者是第一義智. 世尊. 非聲聞緣覺不斷無明住地
김강유자시제일의지 세존 비성문연각부단무명주지

初聖諦智是第一義智. 世尊. 以無二聖諦智. 斷諸住地.
초성제지시제일의지 세존 이무이성제지 단제주지

世尊. 如來應等正覺. 非一切聲聞緣覺境界不思議空智.
세존 여래응등정각 비일체성문연각경계부사의공지

斷一切煩惱藏. 世尊. 若壞一切煩惱藏究竟智. 是名第
단일체번뇌장 세존 약괴일체번뇌장구경지 시명제

一義智. 初聖諦智. 非究竟智. 向阿耨多羅三藐三菩提
일의지 초성제지 비구경지 향아뇩다라삼막삼보리

智世尊. 聖義者. 非一切聲聞緣覺. 聲聞緣覺成就有量
지세존 성의자 비일체성문연각 성문연각성취유량

功德. 聲聞緣覺成就少分功德. 故名之爲聖. 聖諦者. 非
공덕 성문연각성취소분공덕 고명지위성 성제자 비

聲聞緣覺諦. 亦非聲聞緣覺功德. 世尊. 此諦如來應等
성문연각제 역비성문연각공덕 세존 차제여래응등

正覺初始覺知. 然後爲無明㲉藏世間開現演說. 是故名
정 각 초 시 각 지　　연 후 위 무 명 각 장 세 간 개 현 연 설　　시 고 명

聖諦.
성 제

끝없이 성스러운 진리는 불교의 근본 교리라 할 수 있는 사
성제四聖諦를 두고 한 말이다.『승만경』에서는 성문과 연각
의 사성제는 무명주지의 번뇌를 완전히 끊지 못했기 때문
에 제일의 지혜가 되지 못한다 하였다. 여래의 사성제라야
출세간의 상상지上上智가 되며, 제일의 지혜가 된다 하였
다. 고苦, 집集, 멸滅, 도道의 사성제를 닦아 번뇌를 끊어가는
이승들의 수행이 여래의 경지와 비교하면 차이가 있다는
것이다. 이런 면에서 보면 사성제는 단순한 하나의 교리 해
설이 아니라 번뇌를 없애는 수행의 실천 요목으로, 사성제
를 닦음으로써 번뇌를 끊는다는 것이다.

제7장 여래장장

如 來 藏 章

25. 거룩한 진리(聖諦)는 여래장을 말한다

"거룩한 진리(聖諦)란 것은 매우 심오한 뜻을 말한 것이므로 미세하여 알기 어렵습니다. 생각으로 헤아릴 수 있는 경계가 아니어서 지혜로운 사람만이 알 수 있습니다. 일반 세간에서는 잘 믿지 못하는 것입니다. 왜냐하면 이것은 깊고도 깊은 여래장如來藏을 말한 것이기 때문입니다. 여래장은 바로 여래의 경계이므로 성문·연각들로서는 알 수 없는 것입니다. 여래장 그 자리에서 거룩한 진리의 뜻을 말한 것입니다. 여래장이 깊고 깊은 것이므로 거룩한 진리(聖諦)도 깊고 깊다고 하는 것이며, 미세하여 알기 어렵고 생각으로 헤아릴 수 있는 경계가 아니므로, 이것은 지혜로운 사람이라야 알 것이요, 일반 세간에서는 믿지 못하는 것이라 합니다."

聖諦者說甚深義. 微細難知. 非思量境界. 是智者所知.
성 제 자 설 심 심 의   미 세 난 지   비 사 량 경 계   시 지 자 소 지

一切世間所不能信. 何以故. 此說甚深如來之藏. 如來
일 체 세 간 소 불 능 신   하 이 고   차 설 심 심 여 래 지 장   여 래

藏者. 是如來境界. 非一切聲聞緣覺所知. 如來藏處. 說
장 자   시 여 래 경 계   비 일 체 성 문 연 각 소 지   여 래 장 처   설

聖諦義. 如來藏處甚深故. 說聖諦亦甚深. 微細難知. 非
성 제 의   여 래 장 처 심 심 고   설 성 제 역 심 심   미 세 난 지   비

思量境界. 是智者所知. 一切世間所不能信.
사 량 경 계   시 지 자 소 지   일 체 세 간 소 불 능 신

강설

『승만경』에서는 성제聖諦의 의미를 여래장에 두고 설한다. 여래장如來藏이란 여래의 씨앗이 갈무리되어 있다는 뜻에서 하는 말로, 일체 중생이 갖추어 있는 불성佛性을 두고 하는 말이다. 중생이 불성을 갖추어 있는 그 자체가 여래장

이다. 어머니 몸에 태아가 임신되어 있는 것과 같다는 뜻이
다. 『승만경』이 여래장사상을 담고 있는 대표적인 경전으
로 간주되고 있는 것은 이 장과 다음의 법신장法身章 등에
서 여래장을 계속해 설하면서 강조하고 있기 때문이다. 따
라서 『승만경』의 주제는 이승一乘과 여래장如來藏이라 할
수 있다.

이 장에서는 앞의 장에서 설한 사성제가 알기 어려운 것
은 깊고 깊은 여래장을 설한 것이기 때문이라 하면서, 사성
제의 본뜻이 여래장에 있음을 밝히고 있다.

제8장 법신장

法 身 章

26. 지음이 있는 사성제와 지음이 없는 사성제

"만약 한량없는 번뇌장煩惱藏에 얽매인 여래장에 대하여 의혹하지 않는다면 한량없는 번뇌장에서 벗어난 법신에 대하여서도 의혹이 없을 것이며, 여래장과 여래의 법신을 말한 불가사의한 부처님 경계와 방편으로 말한 것에 대해서도 결정적인 마음을 가진 사람은 곧 두 가지 거룩한 진리(聖諦)를 말한 것도 믿고 이해할 것입니다.

　이렇게 알기 어렵고 이해하기 어려운 것은 거룩한 진리의 두 가지 뜻을 말한 까닭이니, 어떤 것이 두 가지 거룩한 진리의 뜻을 말한 것인가 하면, 그것은 지음이 있는 거룩한

진리(作聖諦)의 뜻을 말한 것이고, 또 하나는 지음이 없는
거룩한 진리(無作聖諦)의 뜻을 말한 것입니다.

　지음이 있는 거룩한 진리의 뜻을 말한다는 것은 곧 한량
이 있는 4성제聖諦의 뜻을 말하는 것입니다. 왜냐하면 다른
이로 인해 능히 일체의 고苦를 알고, 일체의 집集을 끊으며,
일체의 멸滅을 증득하려고 일체의 도道를 닦는 것이 아니기
때문입니다. 그러므로 세존이시여, 유위有爲의 생사生死와
무위無爲의 생사가 있으며, 열반도 그러하여 남음이 있는
열반과 남음이 없는 열반이 있습니다.

　지음이 없는 거룩한 진리의 뜻을 말한다는 것은 한량이
없는 4성제를 말하는 것입니다. 왜냐하면 자기의 힘으로써
받는 바 일체의 고를 알고, 받는 일체의 집(集 : 고의 원인)을
끊으며, 받는 일체 멸(滅 : 고의 소멸)을 증득하고, 일체 받음
을 소멸하는 도道를 닦기 때문입니다.

　이와 같이 여덟 가지 거룩한 진리로 여래께서는 네 가지
거룩한 진리를 말씀하신 것입니다."

若於無量煩惱藏所纏如來藏不疑惑者. 於出無量煩惱藏
약 어 무 량 번 뇌 장 소 전 여 래 장 불 의 혹 자　 어 출 무 량 번 뇌 장

法身亦無疑惑. 於說如來藏. 如來法身不思議佛境界及
법신역무의혹   어설여래장   여래법신부사의불경계급

方便說. 心得決定者此則信解說二聖諦. 如是難知難解
방편설   심득결정자차칙신해설이성제   여시난지난해

者. 謂說二聖諦義. 何等爲說二聖諦義. 謂說作聖諦義.
자   위설이성제의   하등위설이성제의   위설작성제의

說無作聖諦義. 說作聖諦義者. 是說有量四聖諦. 何以
설무작성제의   설작성제의자   시설유량사성제   하이

故. 非因他能知一切苦斷一切集證一切滅修一切道. 是
고   비인타능지일체고단일체집증일체멸수일체도   시

故世尊. 有有爲生死無爲生死. 涅槃亦如是. 有餘及無
고세존   유유위생사무위생사   열반역여시   유여급무

餘. 說無作聖諦義者. 說無量四聖諦義. 何以故. 能以自
여   설무작성제의자   설무량사성제의   하이고   능이자

力知一切受苦斷一切受集證一切受滅修一切受滅道. 如
력지일체수고단일체수집증일체수멸수일체수멸도   여

是八聖諦. 如來說四聖諦.
시팔성제   여래설사성제

강설

사성제를 작성제作聖諦와 무작성제無作聖諦로 나누어 설명

하고 있다. 작作은 작위作爲로 의도적으로 애를 써서 무엇

을 하려고 하는 마음이다. 말하자면 자연스러운 순수성이

그대로 완전하게 있는 것을 무작위無作爲라 한다면 작위는 그렇지 못한 반대의 경우다. 지음이 있는 작사성제와 지음이 없는 무작사성제를 말한 것은 이승의 사성제와 대승의 사성제를 다르다고 보는 견해에 의해서이다. 생사를 말하면서도 유위와 무위를 말했는데, 마음에 생멸이 남아 식심識心이 완전히 끊어지지 못한 것은 유위며, 생멸이 사라져 식심이 일어나지 않는 것이 무위다.

27. 법신이 번뇌의 장애를 떠나지 않은 여래장

"이처럼 네 가지 지음이 없는 거룩한 진리의 뜻은 오직 여래·응·등정각만이 일이 끝나는 것이고, 아라한·벽지불은 일이 끝나는 것이 아닙니다. 어째서 그러냐 하면, 하·중·상의 법으로는 열반을 얻을 수 없는 까닭입니다. 그것은 여래·응·등정각께서는 지음이 없는 네 가지 진리의 뜻에서 일이 끝나기 때문입니다. 일체의 여래·응·등정각은 미래의 온갖 고苦를 알고, 온갖 번뇌와 상번뇌가 거둬들인 일체의 집集을 끊고, 일체 의생신意生身을 멸하고, 일체의 고통이 멸한 경지를 깨달아 얻은 까닭입니다.

세존이시여, 법을 파괴함으로 해서 고가 멸한다는 것이 아닙니다. 고통이 소멸한다고 하는 것은 시작이 없고 지음이 없고 일어남이 없고 다함이 없다는 것이니, 다함을 여의고 항상 그대로 있는 것입니다. 제 성품이 깨끗하여 일체 번뇌의 장애(煩惱藏)를 여읜 것입니다.

세존이시여, 항하의 모래알보다 많은 여의지도 않고 해탈하지도 않고 다르지도 않고 생각할 수도 없는 불법佛法을 성취한 것을 여래의 법신이라 합니다. 세존이시여, 이러한 여래의 법신은 번뇌의 장애를 떠나지 않은 여래장如來藏이라고 합니다."

如是四無作聖諦義. 唯如來應等正覺事究竟. 非阿羅漢
여시사무작성제의 유여래응등정각사구경   비아라한

辟支佛事究竟. 何以故. 非下中上法得涅槃. 何以故. 如
벽지불사구경   하이고   비하중상법득열반   하이고   여

來應等正覺. 於無作四聖諦義事究竟. 以一切如來應等
래응등정각   어무작사성제의사구경   이일체여래응등

正覺. 知一切未來苦斷一切煩惱上煩惱所攝受一切集滅
정각   지일체미래고단일체번뇌상번뇌소섭수일체집멸

一切意生身除. 一切苦滅作證. 世尊. 非壞法故. 名爲苦
일체의생신제   일체고멸작증   세존   비괴법고   명위고

滅. 所言苦滅者. 名無始無作無起無盡離. 盡常住自性
멸　소언고멸자　명무시무작무기무진리　진상주자성

淸淨離一切煩惱藏. 世尊. 過於恒沙不離不脫不異不思
청정리일체번뇌장　세존　과어항사불리불탈불이부사

議佛法成就說如來法身. 世尊. 如是如來法身不離煩惱
의불법성취설여래법신　세존　여시여래법신불리번뇌

藏名如來藏.
장명여래장

강설

법신이 번뇌를 떠나지 못하고 있는 상태가 여래장이다. 따라서 여래장이란 말은 번뇌에 덮여 있는 중생이 본래의 불성은 그대로 갖고 있으므로, 여래를 내장해 있다는 뜻에서 하는 말이다. 법신을 성취하면 이 여래장이 법신 그 자체로 드러나는 것이기 때문에 부처다 중생이다 할 것이 없이 모든 장애를 벗어나므로 여기에서는 해탈이라 할 것도 없는 불가사의한 것이라고 말했다. 지음이 없는 네 가지 거룩한 진리(無作四聖諦)를 증득한 부처님의 경계가 이승들과 다르다는 것을 이렇게 설명했다.

다시 말해 여래의 경지에서는 번뇌와 보리가 둘이 아니

라는 것으로 번뇌니 보리니 할 것이 없다는 뜻이다. 이러한 경지가 되어야 불법을 성취한 것이 된다는 말로, 있는 그대로가 모두 깨달음인 것이 부처의 법신 경계라는 것이다.

제9장 공의은부진실장
空義隱覆眞實章

28. 공한 여래장과 공하지 않은 여래장

"세존이시여, 여래장의 지혜는 바로 여래의 공空한 지혜입니다. 세존이시여, 여래장如來藏이란 일체 아라한이나 벽지불이나 큰 힘을 가진 보살(大力菩薩)들로서는 본래부터 보지도 못하고 얻지도 못한 것입니다.

세존이시여, 두 가지 여래장의 공한 지혜가 있사온데, 세존이시여, 공한 여래장(空如來藏)은 온갖 번뇌장을 여의었거나 벗어났거나 다른 것이고, 공하지 않은 여래장(不空如來藏)은 항하의 모래보다도 많은 여의지도 않고 벗어나지도 않고 다르지도 않은 불가사의한 불법이 본래 갖추어져 있는 것을 두고 말하는 것입니다.

　세존이시여, 이 두 가지 공한 지혜로 모든 큰 성문들은 여래를 믿습니다. 일체 아라한이나 벽지불의 공한 지혜는 네 가지 뒤바뀌지 아니한 경계에서 움직이는 것이므로 일체 아라한이나 벽지불은 본래부터 보지도 못하고 얻지도 못하는 것입니다. 일체의 모든 고통이 소멸하는 것은 오직 부처님만이 증득하시는 것이니, 일체 번뇌장을 깨뜨리고 온갖 고를 멸하는 도를 닦는 것입니다."

世尊. 如來藏智. 是如來空智. 世尊如來藏者. 一切阿羅
세존　여래장지　시여래공지　세존여래장자　일체아라

漢辟支佛大力菩薩. 本所不見本所不得. 世尊. 有二種
한 벽지불대력보살　본소불견본소부득　세존　유이종

如來藏空智. 世尊. 空如來藏. 若離若脫若異. 一切煩惱
여래장공지　세존　공여래장　약리약탈약이　일체번뇌

藏. 世尊. 不空如來藏. 過於恒沙不離不脫不異不思議
장　세존　불공여래장　과어항사불리불탈불이부사의

佛法. 世尊. 此二空智. 諸大聲聞. 能信如來. 一切阿羅
불법　세존　차이공지　제대성문　능신여래　일체아라

漢辟支佛. 空智於四不顚倒境界轉. 是故一切阿羅漢辟
한 벽지불　공지어사부전도경계전　시고일체아라한벽

支佛. 本所不見. 本所不得. 一切苦滅. 唯佛得證. 壞一
지불　본소불견　본소부득　일체고멸　유불득증　괴일

132

切煩惱藏. 修一切滅苦道.
체 번 뇌 장   수 일 체 멸 고 도

여래장의 지혜를 공여래장空如來藏과 불공여래장不空如來藏
으로 설명하고 있다. 그러나 공하고 공하지 않은 것이 실은
하나이다. 예를 들어 말하면, 빈 병이 하나 있으면 병 속에
들어 있는 내용물이 없다는 뜻에서 '병이 비었다.' 할 때 이
는 공하다는 말이다.

　그러나 병이 비었기 때문에 '다른 것을 병 속에 넣을 수
있다.' 할 때는 비어 있는 자체가 넣을 수 있는 가능성을 가
지고 있기 때문에 가능성이 있다는 뜻에서는 '공한 것이 공
하지 않는 뜻을 가지고 있다.'라고 말할 수 있다. 여기서 공
과 불공의 두 가지 측면이 똑같이 빈 병 하나에 동시에 있
는 것이다. 여래장도 이와 같은 이치에서 공과 불공으로 설
명되어진 것이다.

제10장 일제장
一 諦 章

29. 무상한 세 가지 진리(無常三聖諦)

"세존이시여, 이 네 가지 거룩한 진리(四聖諦)에서 세 가지
는 무상無常한 것이요, 한 가지는 영원한(常) 것입니다. 그
까닭을 말하면, 세 가지 진리(三諦)는 유위有爲의 모양(相)
에 들어가는 것이니, 유위의 모양에 들어가는 것은 바로 항
상함이 없는 것이요, 항상함이 없는 것은 바로 허망한 법이
며, 허망한 법은 진실한 것이 아니고(非諦), 항상한 것이 아
니고, 의지할 데가 아닙니다. 그러므로 고제苦諦·집제集諦·
도제道諦는 제일의제第一義諦가 아니며, 항상한 것이 아니
며, 의지할 데가 아닙니다."

世尊. 此四聖諦. 三是無常一是常. 何以故. 三諦入有爲
세존 차사성제 삼시무상일시상 하이고 삼제입유위

相. 入有爲相者. 是無常. 無常者是虛妄法. 虛妄法者.
상 입유위상자 시무상 무상자시허망법 허망법자

非諦非常非依. 是故苦諦集諦道諦. 非第一義諦. 非常
비제비상비의 시고고제집제도제 비제일의제 비상

非依.
비의

강설

사성제 가운데 무상無常, 유상有常으로 각 제諦의 성격을 밝
힌 대목이다. 고제苦諦·집제集諦·도제道諦는 무상한 것이
고 멸제滅諦만이 영원한 것이라고 말했다. 또 멸제滅諦를 제
외한 3성제三聖諦는 유위의 모습이라 하여 최후의 궁극적
인 진리(第一義諦)가 아니며 의지할 것이 못 된다고 하였다.

제11장 일의장
一 依 章

30. 괴로움(苦)이 없어진 한 가지 진실한 법

"괴로움이 없어지는 한 가지 진실한 법(一苦滅諦)은 유위의 모양을 여의었으니, 유위의 모양을 여읜 것이라야 항상한 것이며, 항상한 것은 허망한 법이 아니며, 허망한 것이 아닌 법은 곧 진실한 것이며, 항상한 것이며, 의지해야 할 것입니다. 그러므로 괴로움이 없어지는 진실한 법(滅諦)만이 가장 으뜸가는 궁극적인 최후의 진리(第一義)가 됩니다."

一苦滅諦. 離有爲相. 離有爲相者是常. 常者非虛妄法.
일 고 멸 제 리 유 위 상 리 유 위 상 자 시 상 상 자 비 허 망 법

非虛妄法者. 是諦是常是依. 是故滅諦. 是第一義.
비 허 망 법 자   시 제 시 상 시 의   시 고 멸 제   시 제 일 의

강설

사성제四聖諦가 곧 멸성제滅聖諦를 증득하기 위해 설해진
불교의 근본 교리이다. 때문에 가장 으뜸가는 궁극적인 최
후의 진리(第一義)를 멸성제滅聖諦라고 설명하는 것은 당연
한 이치다. 유위의 현상이 아닌 일체의 괴로움이 없어진 멸
성제가 열반이요, 해탈이다. 사실은 불교가 이것을 목표로
하고 여기에 의지해 있는 종교라 할 수 있다.

제12장 전도진실장
顚 倒 眞 實 章

31. 뒤바뀐 소견인 단견斷見과 상견常見

"부사의不思議한 것은 고가 멸한 진실한 법(滅諦)이니, 일체
중생들이 마음으로 반연할 바를 뛰어넘었으며, 일체 아라
한이나 벽지불들의 지혜로도 헤아릴 수 있는 경계가 아닙
니다. 마치 날 때부터의 소경(生盲)은 모든 빛깔을 보지 못
하며, 이레 된 아이가 해를 보지 못하는 것과 같이 고가 멸
한 진실한 법(苦滅諦)도 그와 같아서 일체 범부들이 마음으
로 반연할 수 있는 것이 아니며, 또한 2승의 지혜로 헤아릴
경계도 아닙니다.

범부의 마음은 뒤바뀐 두 가지 소견이요, 일체 아라한·

벽지불의 지혜는 청정한 것입니다. 변견邊見이란 것은, 범부들이 5수음受陰에 대하여 나라는 허망한 소견으로 고집하여 두 가지 소견을 내는 것을 말함이니, 곧 상견常見과 단견斷見이 그것입니다. 모든 변천하는 것(諸行)이 항상함이 없다고만 보는 것은 바로 단견이고 바른 소견이 아니며, 열반이 항상하다고 보는 것은 상견이고 바른 소견이 아니니, 허망한 생각으로 보는 탓으로 이와 같은 소견을 내는 것입니다.

이 몸의 여러 근根에 대하여서는 분별을 내어 생각하되, 지금 있는 법이 망가지는 것만 보고, 다음에 다시 일어나는 것은 보지 못하므로 단견을 내나니, 허망한 생각으로 보는 탓이며, 마음이 서로 계속하는 데 대하여서는 캄캄하여 이해하거나 알지 못하고, 잠깐 사이에 의식意識의 경계를 알지 못하므로 상견을 내는 것이니, 허망한 생각으로 보는 탓입니다.

이렇게 허망한 생각으로 보는 것이 저 참 뜻에는 지나치거나 미치지 못하여 잘못된 생각으로 분별하되 단斷이라하거나 상常이라 합니다.

뒤바뀐 중생들은 5수음에 대하여 항상함이 없는 것을 항상하다고 생각하며, 괴로운 것을 즐겁다고 생각하며, 나라고 할 것이 없는 것을 나라고 생각하며, 부정不淨한 것을 깨끗하다고 생각합니다. 일체 아라한·벽지불들의 청정한 지혜를 가진 이도 일체지一切智의 경계와 여래의 법신에 대하여는 본래부터 보지 못하는 것입니다."

不思議是滅諦. 過一切衆生心識所緣. 亦非一切阿羅漢
부 사 의 시 멸 제   과 일 체 중 생 심 식 소 연   역 비 일 체 아 라 한

辟支佛智慧境界. 譬如生盲不見衆色七日嬰兒不見日
벽 지 불 지 혜 경 계   비 여 생 맹 불 견 중 색 칠 일 영 아 불 견 일

輪. 苦滅諦者. 亦復如是. 非一切凡夫心識所緣. 亦非二
륜   고 멸 제 자   역 부 여 시   비 일 체 범 부 심 식 소 연   역 비 이

乘智慧境界. 凡夫識者二見顚倒. 一切阿羅漢辟支佛智
승 지 혜 경 계   범 부 식 자 이 견 전 도   일 체 아 라 한 벽 지 불 지

者. 則是淸淨. 邊見者. 凡夫於五受陰我見妄想計著生
자   칙 시 청 정   변 견 자   범 부 어 오 수 음 아 견 망 상 계 저 생

二見. 是名邊見. 所謂常見斷見. 見諸行無常. 是斷見非
이 견   시 명 변 견   소 위 상 견 단 견   견 제 행 무 상   시 단 견 비

正見. 見涅槃常. 是常見非正見. 妄想見故作如是見. 於
정 견   견 열 반 상   시 상 견 비 정 견   망 상 견 고 작 여 시 견   어

身諸根分別思惟現法見壞. 於有相續不見起於斷見. 妄
신 제 근 분 별 사 유 현 법 견 괴   어 유 상 속 불 견 기 어 단 견   망

想見故. 於心相續愚闇不解不知. 刹那間意識境界起於
상 견 고   어 심 상 속 우 암 불 해 부 지   찰 나 간 의 식 경 계 기 어

常見. 妄想見故. 此妄想見於彼義. 若過若不及作異想
상견　망상견고　차망상견어피의　약과약불급작이상

分別. 若斷若常. 顚倒衆生於五受陰. 無常常想苦有樂
분별　약단약상　전도중생어오수음　무상상상고유악

想. 無我我想. 不淨淨想. 一切阿羅漢辟支佛淨智者. 於
상　무아아상　부정정상　일체아라한벽지불정지자　어

一切智境界及如來法身本所不見.
일체지경계급여래법신본소불견

강설

불교의 수행에 단견斷見과 상견常見에 빠지는 것을 불법 밖
의 외도外道라 한다. 이 말은 단견과 상견에 빠져서는 불법
의 진리를 터득할 수 없다는 말이다. 단견과 상견은 어느
한쪽에 치우친 변견邊見이다. 변견에 떨어지면 중도中道를
잃어버린다.

　이 장에서는 범부들의 뒤바뀐 소견에 대하여 주의를 준
다. 고가 멸한 진실한 법(苦滅諦)이 있는데, 소경이 빛깔을
보지 못하고 갓난아기가 해를 보지 못하는 것처럼 뒤바뀐
소견 때문에 고가 멸한 진실한 법을 보지 못한다는 것이
다. 오음(五陰=五蘊)에 대하여 단견이나 상견을 가져 그릇

된 견해를 가지기 때문이라는 것이다. 단견이란 있는 것을 없다고 생각하는 것이고, 상견이란 없는 것을 있다고 생각하는 것이다. 곧 유有·무無 어느 한쪽에 치우쳐 식심에 떨어져 그릇된 판단을 하는 것이다. 멸성제滅聖諦에 갖추어진 상常·락樂·아我·정淨의 열반 4덕을 모르고 오음에 대하여 뒤바뀐 생각을 하고 있다는 것이다.

32. 가장 으뜸가는 법

"어떤 중생이 부처님의 말씀을 믿는 까닭으로 영원하다는 생각, 즐겁다는 생각, 나라는 생각, 깨끗하다는 생각을 내는 것은 뒤바뀐 잘못된 견해가 아닙니다. 이것은 올바른 견해라 할 수 있습니다. 그 까닭을 말하면, 여래의 법신은 곧 영원한 바라밀波羅蜜이며, 즐거운 바라밀이며, 나라는 바라밀이며, 깨끗한 바라밀인 까닭입니다. 부처님 법신을 이렇게 보는 이는 올바른 견해라 하며, 올바른 견해를 가진 이는 부처님의 참된 제자라 하는 것입니다. 부처님의 입에서 났으며, 바른 법에서 났으며, 법으로 교화하여 법의 재물을 얻은 까닭입니다.

세존이시여, 맑고 깨끗한 지혜란 일체 아라한·벽지불들
의 지혜바라밀입니다. 이 맑고 깨끗한 지혜는 비록 깨끗한
지혜라고 말은 하지마는, 저 괴로움이 멸한 진실한 법(滅諦)
의 경계라고는 할 수 없습니다. 하물며 네 가지를 의지하
는 지혜이겠습니까? 그 까닭을 말하면, 3승을 처음 배우는
이는 법에 어리석지 아니하고, 저 뜻을 마땅히 깨닫고 얻을
것이므로 그를 위하여서 세존께서 네 가지 의지함을 말씀
하셨습니다. 세존이시여, 이 네 가지 의지한다는 것은 세간
의 법입니다. 세존이시여, 하나에 의지한다는 것은 일체에
의지하는 것이므로 출세간의 으뜸 중에서도 으뜸(上上)이
되니, 이 가장 으뜸가는 제일의第一議가 바로 괴로움이 없
어진 법(滅諦)입니다.”

或有衆生. 信佛語故. 起常想樂想我想淨想. 非顚倒見.
혹 유 중 생　신 불 어 고　기 상 상 악 상 아 상 정 상　비 전 도 견

是名正見. 何以故. 如來法身是常波羅蜜樂波羅蜜. 我
시 명 정 견　하 이 고　여 래 법 신 시 상 바 라 밀 악 바 라 밀　아

波羅蜜. 淨波羅蜜. 於佛法身. 作是見者是名正見. 正見
바 라 밀　정 바 라 밀　어 불 법 신　작 시 견 자 시 명 정 견　정 견

者. 是佛眞子. 從佛口生. 從正法生. 從法化生. 得法餘
자　시불진자　종불구생　종정법생　종법화생　득법여

財. 世尊淨智者. 一切阿羅漢辟支佛. 智波羅蜜. 此淨智
재　세존정지자　일체아라한벽지불　지바라밀　차정지

者. 雖曰淨智. 於彼滅諦. 尚非境界. 況四依智. 何以故.
자　수왈정지　어피멸제　상비경계　황사의지　하이고

三乘初業. 不愚於法. 於彼義當覺當得. 爲彼故世尊說
삼승초업　불우어법　어피의당각당득　위피고세존설

四依. 世尊此四依者. 是世間法. 世尊. 一依者. 一切依
사의　세존차사의자　시세간법　세존　일의자　일체의

止. 出世間上上第一義依. 所謂滅諦.
지　출세간상상제일의의　소위멸제

강설

부처님의 법을 진실하게 믿으면서 상常·락樂·아我·정淨을
믿는 것은 그릇된 견해가 아니라는 것을 강조하고 있다. 이
른바 열반 4덕이라는 영원하고, 즐겁고, 내가 있고, 청정한
덕은 부처님 법신을 두고 말하는 것으로 법신을 이렇게 보
고 이해할 때 진정한 부처님의 제자가 된다고 하였다. 불자
의 정의를 이 장에서 다시 한 번 밝힌다. 『화엄경』이나 『법
화경』에 설해져 있는 바이기도 한 "부처님 입에서 태어나

고 부처님 법에서 교화되어 태어난다."(從佛口生 從法化生)는 말이 강조되면서, 출세간의 으뜸 중에서도 으뜸인 제일의가 괴로움이 없어진 멸제滅諦이니 여기에 의지하는 것이 법신에 의지하는 것이라는 말이다.

제13장 자성청정장
自 性 清 淨 章

33. 나고 죽는 생사는 여래장을 의지한다

"세존이시여, 나고 죽는 생사生死는 여래장如來藏을 의지하는 것입니다. 여래장을 의지하기 때문에 그 비롯한 때(本際)를 알 수 없다 합니다. 세존이시여, '여래장이 있음으로 해서 나고 죽는 생사가 있다.' 하는 것은 훌륭한 말이라 하겠습니다. 세존이시여, 나고 죽는 생사라는 것은 바깥 것을 받아들이는 근根이 없어지고, 받아들이는 근이 차례로 일어나지 않는 것을 생사라 합니다. 세존이시여, 죽는다, 태어난다 하는 것은 이 두 가지 법이 곧 여래장인데, 세간의 말로 말하므로 죽는다, 태어난다 합니다. 죽는다는 것은 근

根이 망가지는 것이요, 태어난다는 것은 새로운 근이 생기는 것입니다. 하지만 여래장이 나고 죽는 것은 아닙니다. 여래장은 유위의 모양을 여의었으므로, 항상 머물러 있고 변하지 않습니다. 그러므로 여래장은 의지할 데며, 간직하는 것이며, 세우고 일으키는 것입니다. 세존이시여, 이것은 여의지 않고, 끊어지지 않고, 벗어나지 않고, 달라지지 않는 불가사의한 불법입니다. 세존이시여, 끊어지고 벗어나고 달라지는 여러 가지 유위법의 의지처가 되기도 하고, 거두어 지니고 세워 일으키는 것이 곧 여래장입니다.

세존이시여, 만일 여래장이 없으면 괴로움을 싫어하고 열반을 즐겨 구할 수 없습니다. 그 까닭을 말하면, 지금 있는 6식識과 심법心法의 지혜에 있어서 일곱 가지 법은 찰나에도 머물러 있지 못하므로 모든 괴로움을 심지 못하며, 괴로움을 싫어하고 열반을 즐겨 구할 수 없습니다."

世尊. 生死者依如來藏. 以如來藏故. 說本際不可知. 世
세 존   생 사 자 의 여 래 장   이 여 래 장 고   설 본 제 불 가 지   세

尊. 有如來藏故說生死. 是名善說. 世尊. 生死. 生死者.
존   유 여 래 장 고 설 생 사   시 명 선 설   세 존   생 사   생 사 자

諸受根沒. 次第不受根起. 是名生死. 世尊. 死生者此二
제 수 근 몰   차 제 불 수 근 기   시 명 생 사   세 존   사 생 자 차 이

法是如來藏. 世間言說故. 有死有生. 死者謂根壞. 生者
법시여래장　세간언설고　유사유생　사자위근괴　생자

新諸根起. 非如來藏有生有死. 如來藏者離有爲相. 如
신제근기　비여래장유생유사　여래장자리유위상　여

來藏常住不變. 是故如來藏. 是依是持是建立. 世尊. 不
래장상주불변　시고여래장　시의시지시건립　세존　불

離不斷不脫不異不思議佛法. 世尊. 斷脫異外有爲法依
리부단불탈불이부사의불법　세존　단탈이외유위법의

持建立者. 是如來藏. 世尊. 若無如來藏者. 不得厭苦樂
지건립자　시여래장　세존　약무여래장자　부득염고악

求涅槃. 何以故. 於此六識及心法智. 此七法刹那不住.
구열반　하이고　어차육식급심법지　차칠법찰나부주

不種衆苦. 不得厭苦樂求涅槃.
부종중고　부득염고악구열반

강설

여래장이 있으므로 나고 죽는 생사가 있다. 이 말은 영원
한 것이 있으므로 무상한 현상이 있다는 일반적인 말로 바
꾸어 볼 수 있는 대목이다. 현상계 배후에 본체계가 있다는
말이다. 곧 무위법에서 유위법의 차별이 나타난다는 말과
같은 뜻이다. 이 여래장이 불가사의한 불법佛法이라 하고,
여래장이 없으면 열반을 구할 수 없다 하였다. 다시 말하면

여래장이 없으면 불법이 없다는 것이다. 이 장에서 강조하는 여래장이 바로 불성佛性이며 진여眞如다. 이를 경전에 따라서 원각圓覺, 여래장묘진여성如來藏妙眞如性, 일진법계一眞法界, 반야般若 등으로 달리 부르기도 한다.

34. 여래장은 자성청정심自性淸淨心이다

"세존이시여, 여래장은 시작된 시간(前際)이 없습니다. 그리고 생겨나거나 없어지는 법이 아닙니다. 온갖 고통이 심어지고, 괴로움을 싫어하고 열반을 즐겨 구하기도 합니다.

세존이시여, 여래장은 나라는 게 아니고 중생이 아니며, 목숨이 아니고 사람도 아닙니다.

여래장이란 몸이 있다는 소견에 떨어진 중생이나 뒤바뀐 생각을 하는 중생, 공한 데 뜻이 어지러워진 중생들의 경계가 아닙니다.

세존이시여, 여래장은 곧 법계장法界藏이며, 법신장法身藏이며, 출세간상상장出世間上上藏이며, 자성청정장自性淸淨藏입니다. 이 성품이 깨끗한 여래장이 객진번뇌客塵煩惱와 상

번뇌上煩惱에 물드는 것은 불가사의한 여래의 경계입니다. 그 까닭을 말하면, 찰나의 선한 마음은 번뇌에 물든 것이 아니며, 찰나의 나쁜 마음도 번뇌에 물든 것이 아니기 때문입니다. 번뇌는 마음에 접촉하지 아니하고 마음도 번뇌에 접촉하지 아니하는 것인데, 접촉하지 아니하는 법으로 어떻게 마음을 물들일 수 있겠습니까. 세존이시여, 그러나 번뇌도 있고 번뇌가 마음을 물들이는 일도 있사오니, 성품이 깨끗한 마음으로서 물든다는 것은 참으로 알 수 없습니다. 오직 불세존만이 진실한 눈과 진실한 지혜로서 법의 근본이 되시며 법을 통달하시어 바른 법의 의지할 데가 되었으므로 실제와 같이 아시고 보십니다."

世尊. 如來藏者. 無前際不起不滅法. 種諸苦得厭苦樂
세존 여래장자 무전제불기불멸법 종제고득염고악

求涅槃. 世尊. 如來藏者. 非我非衆生非命非人. 如來藏
구열반 세존 여래장자 비아비중생비명비인 여래장

者. 墮身見衆生顚倒衆生空亂意衆生. 非其境界 世尊.
자 타신견중생전도중생공란의중생 비기경계 세존

如來藏者. 是法界藏. 法身藏. 出世間上上藏. 自性淸淨
여래장자 시법계장 법신장 출세간상상장 자성청정

藏. 此性淸淨. 如來藏而客塵煩惱上煩惱所染. 不思議
장 차성청정 여래장이객진번뇌상번뇌소염 부사의

如來境界. 何以故. 刹那善心非煩惱所染. 刹那不善心
여래경계　하이고　찰나선심비번뇌소염　찰나불선심

亦非煩惱所染. 煩惱不觸心. 心不觸煩惱. 云何不觸法.
역비번뇌소염　번뇌불촉심　심불촉번뇌　운하불촉법

而能得染心. 世尊. 然有煩惱有煩惱染心. 自性淸淨心
이능득염심　세존　연유번뇌유번뇌염심　자성청정심

而有染者. 難可了知. 唯佛世尊. 實眼實智. 爲法根本.
이유염자　난가료지　유불세존　실안실지　위법근본

爲通達法. 爲正法依. 如實知見.
위통달법　위정법의　여실지견

강설

여래장은 불생불멸하는 불성 자체를 달리 표현하는 말이
다. 이 장에서는 법계장, 법신장, 출세간상상장, 자성청정장
이라 하였다. 이 여래장이 과거의 어느 시점에 시작된 것도
아니고 미래 어느 때에 가서 없어지는 것도 아니라 하면서
도 이것에 의해 온갖 고통이 심어지며 열반을 구하기도 한
다 하여 부처의 세계나 중생의 세계가 모두 여래장의 세계
임을 밝힌다. 그러나 여래장 자체는 모든 것을 떠난 것으로
중생의 경계도 아니고 부처의 경계도 아니라고 했다. 승만
부인이 부처님께 올리는 말 가운데 부사의란 말이 자주 나

오는데, 부처님의 경계는 중생이 식심으로 분별하는 사유
의 차원이 아니라는 뜻에서 하는 말이다.『원각경』에 사유
심으로써 여래의 원각 경계를 헤아리는 것은 반딧불로 수
미산을 태우려 하는 것과 같다 하였다.

35. 알기 어려운 두 가지 법

승만 부인이 이렇게 알기 어려운 법을 말하여 부처님께 여
쭐 때에 부처님께서는 기뻐하시면서 말씀하셨다.
　"그렇다, 그러하니라. 성품이 깨끗한 마음에 물이 든다는
것은 알기 어려우니라. 두 가지 법이 알기 어려운 것이니,
성품이 깨끗한 마음을 알기 어려우며, 그 마음이 번뇌에 물
든다는 것도 알기 어려우니라. 이 두 가지 법은 그대와 큰
법을 성취한 보살마하살만이 듣고 이해할 수 있으며, 다른
성문들은 다만 부처의 말씀을 믿을 뿐이니라."

勝鬘夫人說是難解之法問於佛時. 佛卽隨喜. 如是如是.
승 만 부 인 설 시 난 해 지 법 문 어 불 시　불 즉 수 희　여 시 여 시

自性淸淨心而有染汚難可了知. 有二法難可了知. 謂自
자 성 청 정 심 이 유 염 오 난 가 료 지　유 이 법 난 가 료 지　위 자

性淸淨心. 難可了知. 彼心爲煩惱所染亦難了知. 如此
성 청 정 심　　난 가 료 지　　피 심 위 번 뇌 소 염 역 난 료 지　　여 차

二法. 汝及成就大法菩薩摩訶薩乃能聽受. 諸餘聲聞唯
이 법　　여 급 성 취 대 법 보 살 마 하 살 내 능 청 수　　제 여 성 문 유

信佛語.
신 불 어

강설

지금까지 승만 부인의 말씀을 들은 부처님께서 승만 부인
을 칭찬하시고 성품이 깨끗한 마음이 알기 어려운 것이며,
이 성품이 깨끗한 마음이 번뇌에 물드는 것도 알기 어렵다
고 하신다. 이 알기 어려운 두 가지는 대승의 보살들만 알
수 있고 성문들은 다만 부처님 말씀을 믿을 뿐이라 하였다.

　성품이 깨끗한 마음이 번뇌에 오염되는 것을 『대승기신
론』에서는 무명훈습無明薰習이라 하였다. 진여와 무명이 서
로 훈습을 한다고 설명하며 진여훈습眞如薰習과 무명훈습
을 말했다. 향기가 강하면 악취를 이기고 악취가 강하면 향
기를 이기는 것처럼 우성優性이 열성劣性을 훈습한다는 논
리를 전개하였다.

제14장 진자장
眞 子 章

36. 부처님의 참된 제자

"만일 나의 제자로서 가르침을 따라 믿고, 그 믿음이 더욱 깊어진 사람은 밝은 믿음을 의지하여 법의 지혜를 따르고 최후의 완성된 경지를 얻게 되느니라. 법의 지혜를 따른다는 것은 마련된 근根과 뜻으로 이해함과 그 경계를 관찰하며, 업을 지어 과보果報 받는 것을 관찰하며, 아라한의 무명의 잠(眠)을 관찰하며, 마음이 자재한 즐거움과 선정의 즐거움을 관찰하며, 아라한·벽지불·대력大力보살들의 성스럽고 자재한 신통을 관찰하느니라.

이와 같은 다섯 가지 공교로운 관찰을 성취하고 내가 멸

도한 뒤 다음 세상에서 나의 제자가 따라 믿어, 믿음이 더욱 깊어지고 그 밝은 믿음을 의지하여 법의 지혜를 따르면, 성품이 깨끗한 마음이 번뇌에 물들었으면서도 최후의 완성된 경지(究竟)를 얻게 되느니라. 이 최후의 완성된 경지라는 것은 대승도大乘道에 들어가는 원인이니, 여래를 믿는 사람에게는 이러한 큰 이익이 있어서 깊고 깊은 이치를 비방하지 아니할 것이니라."

若我弟子隨信增上者. 依明信已隨順法智. 而得究竟.
약 아 제 자 수 신 증 상 자   의 명 신 이 수 순 법 지   이 득 구 경

隨順法智者觀察施設根意解境界. 觀察業報. 觀察阿羅
수 순 법 지 자 관 찰 시 설 근 의 해 경 계   관 찰 업 보   관 찰 아 라

漢眼. 觀察心自在樂禪樂. 觀察阿羅漢辟支佛大力菩薩
한 안   관 찰 심 자 재 악 선 악   관 찰 아 라 한 벽 지 불 대 력 보 살

聖自在通. 此五種巧便觀成就. 於我滅後未來世中. 我
성 자 재 통   차 오 종 교 편 관 성 취   어 아 멸 후 미 래 세 중   아

弟子隨信增上依於明信隨順法智. 自性淸淨心. 彼爲煩
제 자 수 신 증 상 의 어 명 신 수 순 법 지   자 성 청 정 심   피 위 번

惱染汚而得究竟. 是究竟者入大乘道因. 信如來者. 有
뇌 염 오 이 득 구 경   시 구 경 자 입 대 승 도 인   신 여 래 자   유

是大利益. 不謗深義.
시 대 리 익   불 방 심 의

불교는 중생의 미혹한 마음이 지혜로운 마음으로 되는 것을 가장 으뜸으로 여긴다. 계·정·혜 삼학에서도 혜학이 불교의 완성임을 말하고 있는 것처럼 지혜의 성취가 곧 불법의 성취이다. 이 장에서는 법의 지혜를 따르며 최후의 완성된 경지를 얻은 사람이 부처님의 참된 제자라는 것을 밝혀 놓았다.

번뇌에 물든 마음이 결국 최후의 완성된 경지의 수행을 이룬 그 마음이라는 말이다. 선가에서 말하는 번뇌가 곧 보리라는 말과 일맥상통하는 말로 볼 수 있다. 신심이 깊어지고 마음이 더욱 밝아지면 그 속에 일체 불법이 다 갖추어져 있다는 말이다.

37. 세 부류의 선남자 선여인들

그때 승만 부인이 부처님께 아뢰었다.

"그 밖에도 다른 큰 이익이 있사오니, 제가 부처님의 위

신력을 받들어 다시 이 이치를 말씀드리려 합니다."

부처님께서는 말씀하셨다.

"다시 말하여 보아라."

승만 부인이 부처님께 아뢰었다.

"세 부류의 선남자와 선여인은 깊은 이치에 대하여 스스로 손상하지 아니하고 큰 공덕을 내어 대승의 도에 들어갑니다. 이 세 부류의 선남자 선여인이란, 선남자와 선여인이 깊은 법의 지혜를 스스로 성취하는 것과, 선남자와 선여인이 법의 지혜를 기꺼이 따르게 되는 것과, 선남자와 선여인이 모든 깊고 깊은 법을 스스로는 알지 못하지만, 나의 경계가 아니고, 오직 부처님만이 알 수 있는 것이라고 세존께 미루는 것입니다. 이러한 선남자와 선여인을 제외하고는 나머지 중생들로서 저 깊고 깊은 법에 대하여 허망한 말에 이끌리어 바른 법을 등지고 여러 외도들의 짓을 익혀 종자가 썩어버린 이들은 마땅히 국왕의 힘으로나 하늘 사람과 용과 귀신의 힘으로써 조복하여야 할 것입니다."

爾時勝鬘白佛言. 更有餘大利益. 我當承佛威神復說斯
이 시 승 만 백 불 언   경 유 여 대 리 익   아 당 승 불 위 신 복 설 사

義. 佛言. 更說. 勝鬘白佛言. 三種善男子善女人. 於甚
의　불언　경설　승만백불언　삼종선남자선녀인　어심

深義離自毀傷. 生大功德入大乘道. 何等爲三. 謂若善
심의리자훼상　생대공덕입대승도　하등위삼　위약선

男子善女人. 自成就甚深法智. 若善男子善女人. 成就
남자선녀인　자성취심심법지　약선남자선녀인　성취

隨順法智. 若善男子善女人. 於諸深法不自了知. 仰惟
수순법지　약선남자선녀인　어제심법부자료지　앙유

世尊. 非我境界. 唯佛所知. 是名善男子善女人仰惟如
세존　비아경계　유불소지　시명선남자선녀인앙유여

來. 除此諸善男子善女人已 諸餘衆生. 於諸甚深法堅著
래　제차제선남자선녀인이　제여중생　어제심심법견저

妄說違背正法習諸外道腐敗種子者. 當以王力及天龍鬼
망설위배정법습제외도부패종자자　당이왕력급천룡귀

神力而調伏之.
신력이조복지

강설

부처님의 참된 제자에 대하여 설한 다음, 이 장에서는 세
부류의 선남자 선여인이 있다고 승만 부인이 부처님께 말
씀을 드린다. 불법 수행에 있어서 가장 중요한 믿음을 강
조하고 있는 대목이다. 원래 믿음이란 범어梵語 스라다

(sradha)를 번역한 말인데, 이 어원의 뜻은 어떤 사물에 대하여 이해하고 나서 '아, 그렇구나.' 하고 긍정하는 마음이다. 불교는 맹목적인 믿음을 요구하지 않는다. 일반적으로 말할 때 믿음이란 진실로 그러하다고 믿는 것인데 이때 진실이 무엇인지 알아야 한다는 것이다. 그렇게 하여야만 바르게 믿을 수 있는 것이다.

세 부류의 설명에 법의 지혜를 성취하는 것과 법의 지혜를 기꺼이 따르는 것과 부처님께 미루어 부처님은 아시니까 부처님의 말씀을 진실이라고 믿는 세 가지를 설명하였다. 세 번째 이야기는 불언량佛言量에 해당한다. 중생이 어떤 사물에 대하여 직접 보고 인지하는 것을 현량見量이라 하고 간접적으로 미루어 아는 것을 비량比量이라 한다. 산 너머 연기가 나는 것을 보고 '불이 났다'고 아는 것과 담장 너머 뿔만 보고도 소가 있는 줄 아는 것이 모두 비량이다. 그러나 현량과 비량에는 착각이 있을 수 있다. 풀섶에 버려진 새끼토막을 뱀인 줄 아는 변계소집성의 미혹에 의한 착각이 있고, 물안개를 연기로 잘못 알면 불이 나지 않은 것을 불났다고 여기게 된다. 이럴 때 현량과 비량을 사현량似現量, 사비량似比量이라 한다.

불언량佛言量은 성언량聖言量이라고도 하는데, 나는 모르지만 부처님의 말씀이므로 진실이라고 믿는 것이다. 이 불언량에는 사似 자가 붙을 수 없다.

이 장에서 밝힌 세 부류의 사람은 불도에 들어갈 수 있는 유형을 구분해 말한 것이다.

제15장 승만장
勝鬘章

38. 승만 부인을 칭찬하다

부처님께서 말씀하셨다.

"훌륭하다, 훌륭하다. 승만이여, 이 깊은 법을 방편으로 잘 지켜 보호하고 그릇된 법을 항복함은 매우 잘한 일이니라. 그대는 지난 세상에 백천억 부처님을 모셨으므로 이러한 이치를 말하는 것이니라."

이때 부처님께서 훌륭한 광명을 놓아 대중을 두루 비추시면서 허공으로 몸을 솟구쳐 7다라수多羅樹 높이까지 올라가셔서 공중으로 걸어서 사위국舍衛國으로 돌아가셨다.

승만 부인과 모든 권속들은 부처님을 향하여 합장하고

하염없이 바라보면서 잠깐도 한눈을 팔지 아니 하다가 부처님께서 가시는 형상이 보이지 아니할 때 뛸 듯이 기뻐하면서 여래의 공덕을 제각기 찬탄하고 부처님을 생각하였다.

승만 부인은 성으로 돌아와서 우칭왕友稱王에게 대승법을 칭찬하였다. 그리고 성안에 있는 일곱 살 이상 된 여자에게 모두 대승법으로써 교화하였다. 우칭왕도 일곱 살 이상 된 남자에게 모두 대승법으로 교화하였으므로 온 나라 백성들이 모두 대승으로 향하였다.

爾時勝鬘與諸眷屬頂禮佛足. 佛言. 善哉善哉. 勝鬘. 於
이 시 승 만 여 제 권 속 정 례 불 족   불 언   선 재 선 재   승 만   어

甚深法方便守護. 降伏非法善得其宜. 汝已親近百千億
심 심 법 방 편 수 호   강 복 비 법 선 득 기 의   여 이 친 근 백 천 억

佛能說此義 爾時世尊. 放勝光明普照大衆. 身昇虛空
불 능 설 차 의   이 시 세 존   방 승 광 명 보 조 대 중   신 승 허 공

高七多羅樹. 足步虛空還舍衛國. 時勝鬘夫人與諸眷屬.
고 칠 다 라 수   족 보 허 공 환 사 위 국   시 승 만 부 인 여 제 권 속

合掌向佛觀無厭足. 目不暫捨. 過眼境已踊躍歡喜. 各
합 장 향 불 관 무 염 족   목 부 잠 사   과 안 경 이 용 약 환 희   각

各稱歎如來功德. 具足念佛還入城中. 向友稱王稱歎大
각 칭 탄 여 래 공 덕   구 족 념 불 환 입 성 중   향 우 칭 왕 칭 탄 대

乘. 城中女人七歲已上. 化以大乘. 友稱大王. 亦以大乘
승   성중녀인칠세이상   화이대승   우칭대왕   역이대승

化諸男子七歲已上. 擧國人民皆向大乘.
화제남자칠세이상   거국인민개향대승

강설

승만 부인은 부처님이 증명하시는 가운데 법을 다 설하고 부처님의 칭찬을 받는다. 지난 세상에 백천억 부처님을 섬겼다는 말씀도 하셨다. 그리고는 부처님은 공중으로 몸을 솟구쳐 사위국으로 돌아가시고 승만 부인은 성으로 돌아왔다. 우칭왕에게 대승법을 전하고 7세 이상의 남녀를 부인과 왕이 각각 나누어 교화하였다는 내용이다. 하필 7세를 든 것은, 예를 아는 기준 나이를 말했다고 보아야 할 것 같다. 유교에서 남녀7세 부동석이라며 성별의 윤리를 강조한 것처럼, 성안의 7세 이상의 남녀를 대승법으로써 교화한 것이다.

39. 부처님께서 경을 받아 지니고 독송할 것을 당부하다

그때 세존께서는 기원의 숲으로 돌아오셔서 장로 아난阿難에게 일러주고, 또 제석천왕을 생각하였다. 제석은 여러 권속들을 데리고 홀연히 부처님 앞에 이르렀다. 그때 세존께서는 천제석과 장로 아난에게 이 경을 자세히 말씀하시고, 제석에게 말씀하셨다.

"그대는 마땅히 이 경을 받아 지니고 잘 외우라. 교시가憍尸迦여, 선남자와 선여인이 항하의 모래알 같이 많은 겁 동안에 보리행菩提行을 닦으면서 6바라밀을 행하고, 다른 선남자와 선여인은 이 경을 듣고 받고 읽고 외우고 나아가 또 몸에 지닌다면, 이 사람의 복이 앞 사람의 복보다 많을 터인데, 하물며 여러 사람에게 자세히 설하여 주는 공덕이야 말할 게 있겠느냐? 그러므로 교시가여, 이 경을 읽어 외우고 삼십삼천三十三天을 위하여 자세히 설해 주도록 하라."

그리고 다시 아난에게 말씀하셨다.

"너도 이 경을 받아 지니고 읽고 외우며, 4부 대중을 위하여 널리 설해 주도록 하라."

이때 제석천왕이 부처님께 여쭈었다.

"세존이시여, 이 경을 무엇이라 이름하며, 어떻게 받들어 지녀야 합니까?"

부처님께서는 제석천왕에게 말씀하셨다.

"이 경은 한량없고 가없는 공덕을 성취한 것이다. 일체 성문이나 연각들로는 끝까지 관찰하거나 알고 볼 수 없느니라. 교시가여, 마땅히 알라. 이 경은 매우 깊고 미묘하며 큰 공덕 덩어리이니라. 이제 너에게 그 이름을 간략히 말하리니, 자세히 듣고 잘 생각하라."

그때 제석천왕과 장로 아난은 부처님께 아뢰었다.

"세존이시여, 말씀하신 대로 받아 지니겠습니다."

부처님께서는 또 말씀하셨다.

"이 경은 여래의 진실한 가장 으뜸가는 공덕功德을 찬탄한 것이니 그렇게 알고 받아 지녀야 한다. 불가사의한 큰 받음이니 그렇게 받아 지녀야 하며, 일체 소원을 거두어들인 대원大願이라 하나니 그렇게 받아 지녀야 하며, 불가사의한 바른 법을 거두어들이는 것이라 하니 그렇게 받아 지녀야 하며, 1승에 들어가는 것이라 하니 그렇게 받아 지녀야 하며, 끝없는 성제聖諦라 하니 그렇게 받아 지녀야 하며,

여래장이라 하니 그렇게 받아 지녀야 하며, 법신法身이라 하니 그렇게 받아 지녀야 하며, 공한 뜻이 진실한 이치를 가림이라 하니 그렇게 받아 지녀야 하며, 한 가지 진실한 법이라 하니 그렇게 받아 지녀야 하며, 항상 머물고 편안한 한 가지 의지할 데라 하니 그렇게 받아 지녀야 하며, 뒤바뀐 법과 진실한 법을 설한 것이라 하니 그렇게 받아 지녀야 하며, 제 성품이 깨끗한 마음이 가리워진 것을 설한 것이라 하니 그렇게 받아 지녀야 하며, 여래의 진실한 제자에 대해 설한 것이라 하니 그렇게 받아 지녀야 하며, 승만 부인의 사자후라 하니 그렇게 받아 지녀야 하느니라.

또 교시가여, 이 경에서 설한 것은 온갖 의심을 끊고 올바른 뜻을 결정하여 1승의 도에 들어가게 하는 것이니라. 교시가여, 지금 이 승만 부인이 사자후한 경을 너에게 부촉하노니, 불법이 머물러 있을 때까지 받아 지니고 읽고 외우고 자세히 분별하여 설하도록 하라."

제석이 부처님께 아뢰었다.

"감사합니다, 세존이시여. 거룩한 가르침을 받들겠습니다."

이때 제석과 장로 아난과 모임 가운데 있던 하늘 사람·

인간 사람과 아수라阿修羅와 건달바乾闥婆들이 부처님의 말

씀을 듣고 즐겁게 받들어 행하였다.

爾時世尊入祇桓林. 告長老阿難. 及念天帝釋. 應時帝
이 시 세 존 입 기 환 림　　고 장 로 아 난　　급 념 천 제 석　　응 시 제

釋與諸眷屬. 忽然而至住於佛前. 爾時世尊向天帝釋及
석 여 제 권 속　　홀 연 이 지 주 어 불 전　　이 시 세 존 향 천 제 석 급

長老阿難. 廣說此經. 說已告帝釋言. 汝當受持讀誦此
장 로 아 난　　광 설 차 경　　설 이 고 제 석 언　　여 당 수 지 독 송 차

經. 憍尸迦. 善男子善女人. 於恒沙劫修菩提行. 行六
경　　교 시 가　　선 남 자 선 녀 인　　어 항 사 겁 수 보 리 행　　행 육

波羅蜜. 若復善男子善女人. 聽受讀誦乃至執持經卷.
바 라 밀　　약 부 선 남 자 선 녀 인　　청 수 독 송 내 지 집 지 경 권

福多於彼. 何況廣爲人說. 是故憍尸迦. 當讀誦此經爲
복 다 어 피　　하 황 광 위 인 설　　시 고 교 시 가　　당 독 송 차 경 위

三十三天分別廣說. 復告阿難. 汝亦受持讀誦. 爲四衆
삼 십 삼 천 분 별 광 설　　복 고 아 난　　여 역 수 지 독 송　　위 사 중

廣說. 時天帝釋白佛言. 世尊. 當何名斯經. 云何奉持.
광 설　　시 천 제 석 백 불 언　　세 존　　당 하 명 사 경　　운 하 봉 지

佛告帝釋. 此經成就無量無邊功德. 一切聲聞緣覺. 不
불 고 제 석　　차 경 성 취 무 량 무 변 공 덕　　일 체 성 문 연 각　　불

能究竟觀察知見. 憍尸迦. 當知此經甚深微妙大功德聚.
능 구 경 관 찰 지 견　　교 시 가　　당 지 차 경 심 심 미 묘 대 공 덕 취

今當爲汝略說其名. 諦聽諦聽善思念之. 時天帝釋及長
금 당 위 여 략 설 기 명　　체 청 체 청 선 사 념 지　　시 천 제 석 급 장

老阿難白佛言. 善哉世尊. 唯然受教. 佛言. 此經歎如來
로 아 난 백 불 언　선 재 세 존　유 연 수 교　불 언　차 경 탄 여 래

眞實第一義功德. 如是受持. 不思議大受. 如是受持. 一
진 실 제 일 의 공 덕　여 시 수 지　부 사 의 대 수　여 시 수 지　일

切願攝大願. 如是受持. 說不思議攝受正法. 如是受持.
체 원 섭 대 원　여 시 수 지　설 부 사 의 섭 수 정 법　여 시 수 지

說入一乘. 如是受持. 說無邊聖諦. 如是受持. 說如來藏.
설 입 일 승　여 시 수 지　설 무 변 성 제　여 시 수 지　설 여 래 장

如是受持. 說法身. 如是受持. 說空義隱覆眞實. 如是受
여 시 수 지　설 법 신　여 시 수 지　설 공 의 은 복 진 실　여 시 수

持. 說一諦. 如是受持. 說常住安隱一依. 如是受持. 說
지　설 일 체　여 시 수 지　설 상 주 안 은 일 의　여 시 수 지　설

顚倒眞實. 如是受持. 說自性清淨心隱覆. 如是受持. 說
전 도 진 실　여 시 수 지　설 자 성 청 정 심 은 복　여 시 수 지　설

如來眞子. 如是受持. 說勝鬘夫人師子吼. 如是受持. 復
여 래 진 자　여 시 수 지　설 승 만 부 인 사 자 후　여 시 수 지　복

次憍尸迦. 此經所說斷一切疑. 決定了義入一乘道. 憍
차 교 시 가　차 경 소 설 단 일 체 의　결 정 료 의 입 일 승 도　교

尸迦. 今以此說勝鬘夫人師子吼經. 付囑於汝. 乃至法
시 가　금 이 차 설 승 만 부 인 사 자 후 경　부 촉 어 여　내 지 법

住受持讀誦. 廣分別說. 帝釋白佛言. 善哉世尊. 頂受尊
주 수 지 독 송　광 분 별 설　제 석 백 불 언　선 재 세 존　정 수 존

教. 時天帝釋長老阿難及諸大會天人阿修羅乾闥婆等.
교　시 천 제 석 장 로 아 난 급 제 대 회 천 인 아 수 라 건 달 바 등

聞佛所說. 歡喜奉行.
문 불 소 설　환 희 봉 행

기원정사로 돌아온 부처님께서 제석천왕과 그 권속들, 그리고 아난에게 승만 부인이 설한 이 경이 어떤 경인지 이름을 들어가며 전체 내용을 다시 요약하여 설해 주시고, 이 경을 사부대중에게 유통시킬 것을 당부하셨다.

『승만경』은 승만 부인이 사자후한 경이라고 그 격을 높여서 이름한 것은 이 경이 대승정신을 실천하는 좋은 본보기가 되는 경이기 때문이다. 또한 『승만경』은 대승의 가르침을 일상생활 속에서 실천할 수 있도록 유도誘導하여 무엇보다도 실천적인 면을 강조해 놓은 경이다. 승만 부인이라는 한 우바이를 통하여 대승적 생활이 어떤 것인가를 간절히 보여 주고 있는 것이다.

강설 **지안**

1947년 생으로, 1970년 통도사로 출가한 이후 승려 교육기관인 전통 강원에서 불교 경전을 공부했다. 그 이후 오랫동안 교학을 연구하며 강원과 승가대학원 등에서 40여 년간 경전 강의를 해왔다. 강원의 강주講主를 지내고, 강사 양성 교육기관인 조계종 종립 승가대학원장으로 재임했다. 조계종 승가고시위원장을 역임했으며 역경에도 종사했다.

현재는 통도사 반야암에 머물고 있으며, 반야불교문화연구원 원장을 맡고 있다.

저서로 『금강경 강해』, 『대승기신론 신강』, 『선가귀감 강의』, 『처음처럼』, 『선시산책』 등이 있고, 역서로 『왕오천축국전』이 있으며, 산문집으로 『마음의 정원을 거닐다』, 『산사는 깊다』, 『학의 다리는 길고 오리다리는 짧다』, 『안부』 등 다수가 있다.

지안 스님의 승만경 강의

초판 1쇄 인쇄 2025년 4월 23일 | **초판 1쇄 발행** 2025년 4월 30일
강설 지안 | **펴낸이** 김시열
펴낸곳 도서출판 운주사

(02832) 서울시 성북구 동소문로 67-1 성심빌딩 3층

전화 (02) 926-8361 | 팩스 0505-115-8361

ISBN 978-89-5746-871-5 03220   값 13,000원

http://cafe.daum.net/unjubooks 〈다음카페: 도서출판 운주사〉